天上聖母

天上聖母

認識入世親民第一女神

第一本親近媽祖的潛知識

企劃——柿子文化
撰文——黃健原（淼上源）

Mystery.63

天上聖母・認識入世親民第一女神

第一本親近媽祖的潛知識

企　　劃　柿子文化
撰　　文　黃健原（淼上源）
封面設計　林淑慧
美術編輯　劉玉堂
主　　編　高煜婷
總 編 輯　林許文二

出　　版　柿子文化事業有限公司
地　　址　11677 臺北市羅斯福路五段 158 號 2 樓
業務專線　（02）89314903#15
讀者專線　（02）89314903#9
傳　　真　（02）29319207
郵撥帳號　19822651 柿子文化事業有限公司
服務信箱　service@persimmonbooks.com.tw

業務行政　鄭淑娟、陳顯中

一版一刷　2025 年 3 月
定　　價　新臺幣 480 元
I S B N　978-626-7613-23-8

如欲投稿或提案出版合作，請來信至：editor@persimmonbooks.com.tw
FB 粉專請搜尋 60 秒看新世界

國家圖書館出版品預行編目（CIP）資料

天上聖母・認識入世親民第一女神：第一本親近媽祖的潛知識／柿子文化企劃；黃健原（淼上源）撰文 .
-- 一版 . -- 臺北市：柿子文化事業有限公司，2025.03
面；　公分 . --（Mystery；63）
ISBN 978-626-7613-23-8（平裝）

1.CST: 媽祖 2.CST: 民間信仰

272.71　　114000402

好評強推

媽祖是臺灣人民心靈的母親，媽祖信仰反映漢族移民的艱辛歷程，臺灣媽祖從最原始的海神信仰轉化為農業神、戰神、地方守護神，至今媽祖已經成為無所不能的神明。這本媽祖小百科內容涵蓋媽祖的各種基本常識，彙集民間有關媽祖信仰的源流、宮廟、祭典科儀、民俗活動、文化資產，是媽祖常識的百科詞典，可以作為一般民眾認識媽祖信仰文化的入門書。

——**林茂賢**，民俗專家、臺中教育大學臺灣語文學系教授

媽祖是跨越海洋的女神，透過本書深入淺出的介紹，讓我們更認識臺灣人心靈的母親。

——**洪瑩發**，政治大學華人宗教研究中心助研究員、臺灣宗教與民俗文化平臺執行長

這一本書兼具廣度與深度，含有宗教知識與實用教戰手冊，堪稱媽祖信仰的小百科了。編輯團隊非常用心地蒐集大量媽祖信仰的相關知識，以新穎的方式編排成三大部分：⑴歷史上的媽祖、⑵人心內的媽祖，以及⑶廟宇裡的媽祖。三個部分內，都以讀者的角度出發，設想一般信徒都會有的疑惑，

例如：媽祖是巫女嗎？為何要進香？如何修持媽祖法門？如何成為媽祖的契子女？書內提供每個問題一個很簡潔的答案，讓讀者興趣盎然地繼續翻閱下去。

——**張珣**，中央研究院民族學研究所研究員兼所長

本書彙整了諸多媽祖的關鍵知識，對於信仰者及初入門的信徒來說，是一本不可多得的好書！

——**黃朱平（朱朱）**，手繪藝術家、《與媽祖同行》作者

具名推薦

林金郎，文學暨宗教作家

曹銘宗，臺灣文史作家

序文

給在天上的媽媽

是什麼力量，讓那麼多人跟著媽祖徒步千里，一路相隨？在許多人的內心裡，媽祖的印象又是如何？

起稿之初，我走進母親生前的房間，在她遺照前方，有座蓮花燈，銅爐裡點著淡淡沉香。我翻起她過去常誦持的《觀世音普門品》，突然很想寫封信給「在天上的媽媽」，和她說說話。

對媽祖的印象，來自童年。由於祖母向觀音求賜金孫，我出生之後，祖母帶我到艋舺龍山寺燒香還願，後殿有千里眼、順風耳，後來才知道，原來媽祖也曾在此暫居過。又因小時候多病，外婆常帶我南下北港朝天宮朝拜，外婆拿了保平安的香袋，過爐後，掛在我的脖子上。

母親是山，母親是海，母親是河，母親的名叫臺灣。

想起有首歌《母親的名叫臺灣》，在臺灣人心中，其實也有一個母親。

慢慢地，我心中浮現了一個影像——祂的身影像媽媽、像祖母、像外婆，祂就是臺灣人心中的「媽祖婆」。心中感到焦慮、委屈時，你可以向祂訴說，祂總會耐心地傾聽著孩子的心事；當你祈求平安，祂會捨命護佑著你……正因為如此，臺灣人對媽祖一直有著濃厚的情感。

翻閱祖譜後，我才發現，原來自己的先祖也有一段唐山渡臺的歷史，大約就在清朝康熙末年，這時期正值閩南沿海一帶移民潮，也是媽祖分靈來臺最興旺的時代。

祭祖時，黃氏宗族的祖先牌位上總是刻著「紫雲」，閱讀史料後，才知道先祖最初來自泉州，他們曾捐了一塊地，供一位僧侶建寺，即現今的開元寺，由於常見紫雲蓋頂，又名「紫雲寺」，後嗣子孫因而燈號「紫雲黃氏」（今寺中仍有檀越祠——紫雲堂）。

不知先祖渡來臺時，是否也是捧著媽祖，一起千里迢迢過了「黑水溝」來到臺灣，渡「淼淼」海洋，溯「上源」河畔，逐水草而居，落地生根。

昔日的媽祖守護先祖來臺，至今祂仍守護著這個島嶼，護佑著這塊土地上的子民。媽祖已是臺灣人共同的母親，就像在天上的媽媽，永遠守護著我們。

紫雲淼上源（原名：黃健原）

目次

PART 2 人心內的媽祖

PART 3 廟宇裡的媽祖

前言

媽祖的囝仔

全臺有近千座媽祖廟，光是媽祖廟所舉辦的活動，就可以排滿一年的行事曆……媽祖究竟是何許神也，能讓臺灣人這麼敬愛？

媽祖為臺灣護國神明的第一天后，只要有華人飄洋過海的地方，就有媽祖信仰的護佑，祂是華人心中最重要的精神支柱，也是世界級的女神，地位等同於西方的聖母瑪利亞。

每年農曆「三月瘖媽祖」，是臺灣年度宗教盛事。每每到了媽祖生日，媽祖遶境、進香，就宛如展開一場全臺嘉年華會，全民健走運動也正式啟動，年年吸引全球無數觀光客來臺朝聖。也許你也好奇著，媽祖究竟有什麼魅力，讓人腳底破皮也要緊緊跟隨——即使是貴為臺灣總統之尊，也一樣陪著信徒，走上一段「香丁腳」（香燈腳）（見143頁）的路程。

「徒步進香」，來自早期農業社會臺灣人勤苦純樸的精神傳承，這是一種對自我毅力的考驗，更是一種對媽祖信仰的全然付託——有些路程，你甚至無法預知。在長途跋涉、充滿挑戰的旅途之

媽祖遶境的隊伍很龐大，遶境活動多是境內民眾共同參與。

媽祖進香、遶境的陣頭中，每個角色都扮演著不同的功能。

八家將。

中，每一個腳步，都是意志力的鍛鍊、信仰的淬鍊、生命的修練，同時，也能見識到暖暖的臺灣人情味。

媽祖信仰在臺灣有其特殊的歷史與地理背景，認識媽祖的過程，就好像閱讀一段移民海外開拓的艱辛歷史，而臺灣正是當中最具代表性的典範。自唐山過臺灣，先民渡海，媽祖總是在驚險的海上相伴相隨；在多災多難的二戰中，祂可以無畏無懼地為島上的子民擋下子彈；萬能的媽祖甚至可以降甘霖、防蟲害、去除瘟疫、防震和防洪等。在百姓最無助時，祂總是挺身而出，救苦救難。祂幾乎無所不能，就像是在天上的母親，只要呼喊「媽祖」，就如同叫一聲「媽媽」，祂便捨身保護自己的孩子，當人們面對種種困境與磨難，祂也總是默默伴隨著，不離不棄。

臺灣人對媽祖的信仰，並不純然只是對神明的崇敬或宗教狂熱，它象徵一種先祖開疆闢土時，勇敢冒險的精神和自我意志的淬礪——除了神的護佑，更含蘊了各庄村民之間那份深厚情感的凝聚與交流。

然而，我們若要認識媽祖，就應該真正走入媽祖的內心世界，融入那份純然無私的奉獻與愛，默然領受，天上天下一道母子相連的光芒。

天后檔案

入世親民國家級第一女神

◆**本名**：林默。

◆**原始資料重要依據**：《天妃顯聖錄》。

◆**出生地**：福建莆田湄洲島。

◆**漢族史上唯一受敕封「天后」的女神**：首次晉升天后時的封號是「護國庇民妙靈昭應仁慈」天后。

◆**最長追封**：因眾多護國神蹟不斷追封，至清朝來到史上最長（高達六十二字）——「護國庇民、妙靈昭應、宏仁普濟、福佑群生、誠感咸孚、顯神贊順、垂慈篤祜、安瀾利運、澤覃海宇、恬波宣惠、導流衍慶、靖洋錫祉、恩周德溥、衛漕保泰、振武綏疆、嘉佑」天后。

◆**暱稱**：媽祖、媽祖婆、娘媽、婆仔、姑婆祖、天上聖母。

◆**臺灣最常見的臉部顏色**：膚色（紅面媽）、金色（金面媽）、黑色（烏面媽）。

◆**唯一媽祖靈穴所在地：**臺灣馬祖南竿媽祖廟。

◆**與文聖、武聖齊名：**在官方祀典中，唯一能與「文聖」孔子、「武聖」關公齊名的「女聖人」。

◆**人類非物質文化遺產：**媽祖文化被聯合國教科文組織列入「人類非物質文化遺產代表作名錄」。

清朝《媽祖聖蹟圖》是一套描繪媽祖仙蹟的圖畫，共有七幅，皆無標題，現藏於荷蘭阿姆斯特丹國家博物館。研究者推測，本圖是在描繪《天妃顯聖錄》中〈朱衣著靈〉的神蹟傳說。

PART 1

歷史上的媽祖

漁村少女——媽祖不是傳說中的人物嗎？

媽祖是臺灣的第一女神，同時也是獲得全世界關注的女神。生在臺灣的我們，大都聽過「媽祖」或「媽祖婆」，甚至連國小的教科書，也都會介紹民間習俗的「迎媽祖」……但是，媽祖到底是誰？其實，祂也如同我們一樣，曾經出世為人！

漢人屬於多神信仰，除了自然崇拜（如土地公、龍王）、器物崇拜（如灶神）之外，民間崇拜祭祀的神明當中，還有很多曾是歷史人物，或是在地方上因具備某種崇高德行、善行或影響力，而被後人神靈化、尊崇為神明，此為人格神，關羽、岳飛、鄭成功、保生大帝、臨水夫人等，乃至各宗各派的祖師，都是人格神。

媽祖也是屬於地方史上有記載的真實人物，因其海上救度的慈心願力而為後人所奉祀，又由於祂種種顯靈事蹟，逐漸由崇高的人格者進階成護佑人間的神明。

宋太祖開國之年就是媽祖降生之年？

每年快要到農曆三月二十三日時，就可以看到信眾為媽祖舉辦各種活動，因為這天正是媽祖的生日。其實，歷史上媽祖的出生年月日至少有四種不同的說法！

媽祖不同的生卒年月日

依據典籍	生年月日	卒年月日
《三教源流搜神大全》	唐天寶元年（七四二年）三月二十三日	卒年月日不詳
《天妃顯聖錄》	宋太祖建隆元年（九六〇年）三月二十三日	宋太宗雍熙四年（九八七年）九月九日（飛昇）
《莆田縣志》（乾隆時期）	宋哲宗元祐八年（一〇九三年）三月二十三日	宋太宗雍熙四年（九八七年）二月十九日
《南渚林氏族譜》	宋太宗太平興國四年（九七九年）三月二十三日	宋真宗大中祥符元年（一〇〇八年）十月十日

當中何者較可信，專家學者各有看法，但《天妃顯聖錄》中〈天妃誕降本傳〉的說法已相沿成俗，清代以降至今，各地廟宇舉行媽祖祭典，一般還是在農曆三月二十三日媽祖誕辰和農曆九月初九媽祖得道昇天之日。

《天妃顯聖錄》及其現存最早的古籍版本

關於媽祖傳記，一般的認定依據以《天妃顯聖錄》為主。《天妃顯聖錄》於明末成書，記錄媽祖自宋代以來的歷朝封誥和相關神蹟。首編者為明人林堯俞，後由僧人照（昭）乘編錄出版，在清朝改版過三次，增補刪減部分內容，其中清朝史料與臺灣關係最為密切。《天妃顯聖錄》現存最早的古籍版本典藏於國立臺灣圖書館，簡稱臺圖本，是雍正時期的出刊本，文圖兼備，為日治時期總督府臺灣博物館所採購。

媽祖於宋太祖建隆元年庚申（九六〇年）三月二十三日傍晚，誕生於福建莆田湄洲島。據說，當時有一道紅光從西北方射入這座漁村島上的一戶林姓（林愿）人家，媽祖的母親王氏（林愿之妻）的房中晶輝奪目，滿是香氣飄蕩，氤氳不散，突然之間，王氏腹中一陣震動，媽祖就這麼降生於世間了。就在這樣一個蕞爾小島的漁村裡，媽祖展開了祂傳奇的一生，以及護守鄉民的願心。媽祖之所以選擇降生海島之地，似乎也諭示了化度苦海眾生的使命。

媽祖故居之爭

媽祖究竟在哪裡出生？

一般來說，媽祖的出生地有湄州島與賢良港祖祠的歧異。較早且筆數最多的文獻資料皆指出，媽祖出生地在湄洲島，但是清代莆田人林清標《敕封天后志》的說法卻不同：「俗呼黃螺港乃天后生長之鄉。」

黃螺港就是賢良港；《敕封天后志》的考證之所以認為賢良港才是媽祖生長的故鄉，主要是因為媽祖的曾祖為九牧林（九牧林為「林氏」重要分支之一）林蘊之孫林保吉，「於五代周時為統軍兵馬使，棄官隱於海濱賢良港」。也因此，一般認定賢良港是媽祖的祖祠。

至於《敕封天后志》認定賢良港為媽祖出生地的原因，後人認為可能與林氏家族的遷徙有關。《興化府志》載，明初因海寇之亂，迫使島上居民遷移；據《南渚林氏族譜》，林氏族人曾經從湄洲島遷去賢良港，媽祖出生於莆田賢良港的說法，便是依據這份莆田九牧林氏族譜，此為明代後撰修，認為媽祖是唐九牧林蘊後裔。

不過，一般還是認定湄州島為媽祖的出生地，賢良港祖祠則成了媽祖林氏家族的祖祠。

媽祖是林則徐的祖姑？

雖然後人對媽祖的家世多有編造，但一般認為，湄洲林氏家族出自「九牧林氏」第六房蘊公之後，大致還算是可信的。因而，影響中國近代歷史最為深遠的人物之一、以廣州禁鴉片為人所稱頌的林則徐，也被認為和媽祖有「親戚」關係。

林則徐出生於乾隆五十年（一七八五年），清朝中期戶籍福建侯官縣，和媽祖同屬「九牧林氏」後裔。林則徐先祖世居莆田，後遷居福州，所以，媽祖算是林則徐的「祖姑」。據說林則徐從小就深受媽祖立德、行善的精神所薰陶，不管在京或外派，每到一個地方任職，都會先參拜、修繕當地的媽祖廟，依其日記所記載，他到天后宮上香約有四十多次。

除了主張嚴禁鴉片，林則徐還是一位出色的治水專家，曾經興修浙江、上海的海塘、太湖流域等水利工程，治理黃河、長江等運河，並著有《北直水利書》。他賑災濟貧、安內攘外，被後人譽為民族英雄，同為林氏的後裔，林則徐可說是徹底弘揚了媽祖救民護國的精神。

林默娘——出生至彌月未曾啼哭一聲的女嬰！

媽祖在家排行第七，上有一位兄長，五個姊姊，然而，相對於林愿夫妻一開始對這次懷孕的深切期待，你知道其實媽祖出生那一剎那，他們還是有一點失望的嗎？

根據《天妃顯聖錄》的說法，媽祖的父親對於家中男丁只有長子一人常感到過於單薄，所以不時向上天祈禱能再有一子。加上媽祖的母親懷祂之前，觀音曾入夢賜藥，所以夫妻倆皆認為這次懷的肯定是兒子，當看到生下來的又是女兒時，其實有些失望。

媽祖為什麼會取名為「默」呢？

雖於企盼再生一個兒子的心情之下，又得一女，但因為媽祖出生時的種種瑞相，讓林氏夫婦認為這個最小的女兒日後必定不凡，再加上媽祖從小就十分的乖巧、安靜，所以仍然非常受到父母的疼愛。

媽祖本名林默，這個名字是祂父親親自取的。之所以取名為「默」，是因為祂自出生一直至滿月，從沒出現一聲啼哭，而這也就是媽祖被暱稱「林默娘」的由來，「娘」是當時對女子的普遍稱呼——尤其是遇到單名的時候。直到某天，王氏帶祂到寺院還願，拜完菩薩後，一向沉默的林默突然對母親喊了一聲：「媽媽！」讓王氏萬分驚喜。

對我們來說，媽祖的名字「默」字背後，或許有更深層的涵義，這是形容媽祖對天地之理有一種默然領受的天賦異稟，更意涵著祂普度世人的善願「默藏」於心中，並且「默而行之」。如同《易經》所云：「默而成之，不言而信，存乎德行。」人若能立足於美好的德行，默然潛修，必能「默而有成」。

民間信仰的「母親之神」

媽祖一生未婚，生前叫「默娘」，死後成神被人們稱為「娘媽」——媽祖的故鄉福建就比較常稱祂為娘媽，金門、澎湖在早期時也一樣，事實上，澎湖天后宮的原名就是「娘媽宮」。

如今，雖然經過歷朝加封，媽祖已是最高級別的女神——天后，但我們在日常生活中其實更常稱呼祂為「媽祖」、「媽祖婆」，天上的媽祖就如同人間百姓的母親。話說回來，「媽祖」這個稱呼其實清朝時就已經不少見了，例如〈澎湖紀略〉中的「三月媽祖誕時，眾魚來朝」，郁永河的竹枝詞中則有「馬祖宮前鑼鼓鬧」之詩句，此外，王士禎《香祖筆記》記錄臺灣氣候時說：「三月三日曰上帝颶，十五日曰真人颶，廿三日曰馬祖颶。」

為什麼有人稱媽祖為「姑婆祖」？

「姑婆」或「姑婆祖」原本為對祖父、曾祖父姊妹的稱呼，由於媽祖姓林，血緣同宗的林氏家族便自稱是媽祖族孫，臺灣各區林氏宗親視其為本家人，各地林氏宗廟多有配祀媽祖，並稱呼「姑婆」或「姑婆祖」，比一般信徒更親密。

林氏宗族通常會組織有規模的聚會來輪流祭祀媽祖，例如彰化與草屯地區的「中部二十四庄林祖姑天上聖母」、臺北七角頭「正龍社天上聖母」或雲林「六房天上聖母」等等，都是以林姓為主的媽祖會。

「姓林的媽祖顧子孫。」這個俗諺的意思是指媽祖特別照顧林姓子孫。一般來說，在林氏家廟或宗祠內，媽祖（姑婆祖）是被供於左右偏位或廂房，並沒有奉祀在正殿尊位，這是因為在輩分上，媽祖屬於林家的女兒，不能僭越祖宗。

此外，臺灣有些媽祖廟就是從林姓宗祠轉型，如臺中大甲鎮瀾宮，早期為大甲的林永興家族所祭祀，後來才漸漸發展成大甲區共同祭拜的廟宇。

林氏姑婆祖碑記

屏東市慈鳳宮正殿左外壁，立有一清道光八年（一八二八年）的「林氏姑婆祖碑記」，記載著林姓宗族有感於慈鳳宮公產匱乏之不足，遂發起募資，設置田業作為祭祀之用，並勒石公告。林姓宗族以天上聖母林默娘的裔孫為榮，故以「姑婆祖」為親切稱呼。

十五大願——媽祖經過累劫累世的修行而乘願再來人間？

相對於西方人對海神波塞頓力量的敬畏，東方海神媽祖對我們來說，則是茫茫大海上的明燈與救星，以慈愛子民的聖母形象留存於世。祂慈悲為懷、拯救蒼生，這一點在祂生前的故事便已展露無疑。媽祖生於漁村，對於出航的鄉親關心有加，傳聞「航海遇風禱之，累著靈驗」……

默娘從小聰穎過人，據《莆田縣志》載，祂在四、五歲時隨父親到普陀山，見到觀音菩薩聖像後，便受到了感召，啟發祂內在非凡的善根智慧，以及如菩薩般的悲憫之心。

祈願減壽救護村民

據相關記載，默娘五歲能誦《觀音經》；八歲在塾師就讀，過目成誦，默記不忘，而且深解義旨；十歲時，祂便早晚禮佛誦經，精進修道，從不懈怠；十三歲時，老道士玄通來到林氏家中，一見到默娘，驚為天人，讚嘆不已，「你並非一般凡人，歷經累世修行，佛性慧根深厚，你此生是宿世發願而來，將會度化很多眾生，然後修成正果。」於是，玄通教授祂「玄微祕法」，默娘天資異稟，很快就領悟其中要旨。

十五歲時，默娘亭亭玉立，端莊嫻淑，原本應是窈窕淑女、君子好逑的情竇初開年華，卻常常獨自站在海邊，心思一直掛念著出航的父兄與鄉親們。當時，村人出海捕魚，難免因為狂風巨浪的海難喪失性命，成了海底冤魂。每每這樣的消息傳來，便是一個家庭失去了依靠；一陣又一陣的悲傷哭嚎，一聲聲地痛打在祂的心頭上。於是祂天天面對著大海，全神貫注地觀察天象。儘管風雨交加，暴雨打濕了衣裳，海風吹亂了髮絲，祂仍屹立著，暗自對上天默默發誓許願：「如果能制服風浪海妖、救護村民鄉親的危難，我願減壽性命，奉獻自己的一生。」

神人賜銅符

默娘十六歲那年，旱災侵襲，海難頻繁，同時又發生了嚴重的瘟疫，村民的生活極為艱苦。默娘看在眼底，急在心頭，面對種種人間的天災苦厄，祂總是心有餘而力不足，所以，只能常常到小廟裡為村人祈福。

據《天妃顯聖錄》中〈窺井得符〉所載，當時默娘心中一直有強烈救度世人的善願，某日，祂在廟中許願，走到廟旁的井邊時，井中突然發出金光，一股青煙冒出，由於祂內心的發願，感應到一位神人出現，其後還有兵將護衛，神人手捧銅符賜予默娘，令祂以此法寶化度人間。默娘禮謝受之，返家後，燒香祈禱，小心翼翼打開此寶，銅符內有一對八卦銅鏡與符咒；而這口井，也被後人稱為「授符井」。

從此之後，默娘便開啟了通靈神力，只要默然靜心，便能預知吉凶禍福，不但能幫助村民倖免海難，還能鎮妖驅邪、消災解難。至今在媽祖神龕上，常可見到此法寶。其實，神人賜予媽祖的法寶銅鏡，正是一面照妖鏡，也猶如我們的心——意味著吉凶禍福都在一念心鏡，提醒人們應時常覺照內心，萬法不離一念心。

默娘的願力與神明感通，也應證了「人有善願，天必從之」，所以，我們應在心中「默」藏善願，「默」而行之。

授符井在哪裡？

賢良港天后祖祠的東北側，有一口泉井，井口呈方型，約三公尺深，旁邊還有一塊天然巨石，形似面盆，井旁立石碑，正面篆刻「授符井」大字，背後石刻銘文。據說，媽祖曾在此井得符，苦練玄微祕法。

乘願再來的媽祖

到底媽祖在心中默發了什麼大願力，能得到神明相助而賜予法寶呢？我們在祈禱媽祖庇佑時，曾領受過祂內在那滿滿慈悲的善願力嗎？據《太上老君說天妃救苦靈驗經》所載，媽祖早在宿世累劫的修行中，默默地發起化度世人的大願力，而乘願再來人間，「自今以後，若有行商坐賈，買賣求財，或農工伎藝，種作經營，或行兵布陣，或產難不分，或官非撓聒，或口舌所侵，多諸惱害，或疾病纏綿，無有休息，但能起恭敬心稱吾名者，我即應時孚感，令得所願遂心，所謀如意。吾常遊行天界，徧察人間，以致地府泉源江河海上，一切去處，令諸所求，悉皆遂願。」於是，天尊賜祂尊號，授命祂下凡，廣濟眾生，弘揚正道，教化世人，普令人間常得安樂。祂也正式發起十五大誓願力：

一者，誓救舟船，達於彼岸。

二者，誓護客商，咸令安樂。

三者，祛逐邪祟，永得消除。

四者，蕩滅災迍，家門清淨。

五者，搜捕奸盜，屏跡潛形。

六者，收斬惡人，誅鋤強梗。
七者，救民護國，民稱太平。
八者，釋罪解愆，離諸報對。
九者，扶持產難，母子安全。
十者，庇護良民，免遭橫逆。
十一者，衛護法界，風雨順時。
十二者，凡有歸向，保佑安寧。
十三者，修學至人，功行果滿。
十四者，求官進職，爵祿亨通。
十五者，過去超生，九幽息對。

「天妃救苦靈驗經」有三個版本

學界普遍認為，目前存世的「天妃救苦靈驗經」有三個版本：永樂十二年（一四一四年）的《太上說天妃救苦靈驗經》、永樂十四年（一四一六年）的《太上老君說天妃救苦靈驗經》和永樂十八年（一四二〇年）的《太上說天妃救苦靈驗經》。至於被收入《道藏》（收錄所有道教典籍的叢書）的，是永樂十四年版《太上老君說天妃救苦靈驗經》。

默娘發十五大願後，天尊賜予珠冠雲履、玉珮寶圭、緋衣青授、龍車鳳輦、佩劍持印等，派諸神與千里眼、順風耳等佐助祂。經中又云：「世間若有男女，恭敬信禮，稱其名號，或修齋設醮，建置道場，或清淨家庭，或江河水上，轉誦是經……」即得祛除種種災難，一切遂意稱心。

機上救父

自開啟神通之力之後，默娘不但洞曉天文氣象，也熟習水性，常常出海拯救海上遇難的漁民和客商，傳說祂能乘席渡海，哪裡有海難，祂就會在哪裡現身，出手相助。

默娘十六歲那年秋天，父兄駕船渡海，海上突然掀起狂風大浪，船遭損毀，情況相當危急。當時祂正在家中織布，閉上眼睛，默然神遊，感知到父兄將有凶險，於是臉色大變，一手持機梭，一腳踏著機軸，像是在護著船隻一般。母親見祂神情十分怪異，於是叫醒祂，默娘清醒時不小心失手，機梭掉到了地上。見梭已掉，祂哭著說：「父親已脫救，但哥哥遇海難死了！」

不久，有人來報訊息，情況果真如默娘所說。默娘陪著母親駕船在茫茫大海尋找，一群水族出現在波濤洶湧的海上，眾人十分恐懼，但祂知道水族是受命前來迎接祂的。海水平靜後，兄長的大體浮了上來，他們這才得以帶兄長回家。據說，默娘神遊時，腳上踏的機軸是父親的船，手上持的機梭是兄長的舵，自此，默娘非比尋常的神力，便在村落裡傳了開來。

雖然媽祖曾經身為世俗之人，但由於並不是史冊上的大人物，導致其事蹟多半充滿宗教神話色彩，清朝陳池養的〈林孝女事實〉是「比較像人類」的版本，當中提到：

……年十六，隨父兄渡海，西風甚急，狂濤怒撼，舟覆。孝女負父泅到岸，父竟無恙，而兄沒於水。又同嫂尋其兄之屍，遙望水族輳集，舟人戰慄。孝女誡勿憂，鼓枻而前，忽見兄屍浮水面，載之歸葬，遠近稱其孝女。嶼之西有鄉曰門夾，石礁錯雜，有商船渡此遭，舟人哀號求救。孝女謂人：「宜急拯！」眾見風濤震蕩不敢前。孝女自駕舟往救，商舟竟不沉。自是矢志不嫁，專以行善濟人為己任，尤多於水上救人。殆濱海之人，習於水性，世因稱道其具種種靈異，流傳不衰。

然不論如何，媽祖行善濟人且多水上救人的形象是確認的，也為祂日後海神的形象奠定了基礎。

《天后聖母聖蹟圖志》繪默娘神遊救父兄。《天后聖母聖蹟圖志》被公認是「圖說媽祖」始作。

九月九日——媽祖如何告別人世？史料有記載其出生地，卻不知其葬身處？

不只媽祖最後離世的時間在文獻上有著不同的記錄，就連媽祖告別人世的方式，也有不同的說法，常見的有二種版本。

傳說中，默娘年少時便已修練有成，身具超凡神通之力，不但有一身好水性，駕船如飛，還能在海上輕功神遊，宛如武俠小說中的女俠身影，解救無數村民的險難。

湄峰得道昇天

據《天妃顯聖錄》，默娘救人無數，在世間已功行圓滿。宋太宗雍熙四年（九八七年），默娘年二十九歲，農曆九月九日重陽節前一天，祂對家中人說：「明天是重陽節，我想上山清淨一下，先和你們告別。此山路難行遙遠，你們就不必與我同行了。」家人都以為祂只是遠遊靜心。隔天早上，默娘焚香誦經後告別家人，便直上湄峰頂處。峰頂濃雲四起，瞬間一道白氣直衝天際，仿佛有一陣仙樂，響徹雲天，虹光輝映，默娘乘風駕雲，翱翔天地，俯視人世。

這便是早先民間流傳的媽祖「湄山飛昇」羽化登仙之說。之後，村民時常見到媽祖盤坐於彩雲霧靄或翔遊海上，他們知道默娘並未離他們遠去，因為祂經常顯靈，一如生前的那份慈愛，救人危難，護國佑民，當地百姓為了感激祂，啟建祠廟，虔誠供奉。

如今，莆田市湄洲媽祖廟的後崖，還刻著「昇天古蹟」這幾個字——因為，鄉民認為媽祖是農曆九月九日於此處得道昇天（崖刻為明末清初由祖廟住持照〔昭〕乘題刻）。

捨身救父而罹難

關於媽祖最終如何離開人世，史料上記載了祂的出生地，卻未記載死後葬於何處，湄洲鄉親認為祂肉身成道，羽化飛天而去，遂建祖廟祭祀。另說，媽祖某次出門之後便失蹤，下落不明。因此馬祖島上媽祖「靈穴」有另外不同的說法，認為默娘在一次海上救援中不幸遇難，當時因為父兄駕船駛入閩江海域，突遇巨風大浪，船毀人溺，默娘飛身入海拯救，因而罹難，屍身漂至至閩江口的竿塘島（即南竿島）。村民發現後，將之安葬於現天后宮，媽祖靈穴就是這麼來的。

有關馬祖靈穴的傳說

馬祖靈穴有著許多神奇的傳說，如今，馬祖當地人士仍然認為媽祖應葬於現今馬祖南竿鄉的靈穴石棺中。據說，當地人曾多次想改建媽祖靈穴，不料完全無法移動，不是地磚離奇地全碎，就是鑽地的地鑽斷裂，後來經擲筊請示，才知悉媽祖希望待在原處。

除此之外，馬祖村民相傳，先民出海，每當遇暴風雨前夕或中途迷航，岸邊總會出現一團火球，引領船隻歸返，這團紅火就是出現在媽祖靈穴上空，於是先民常稱「媽祖火」或「媽祖燈」，就像馬祖媽祖巨像的手上握著一盞引航燈。

由於媽祖發生船難，死後就葬於此地，故稱此島為「媽祖島」，後傳抄寫成「馬祖島」。根據清初張學禮《使琉球記》的記載：「再過猴嶼；見梅花所故城……通官謝必振云：天妃姓蔡，此地人。為父投海身亡，後封天妃。」此成為臺灣馬祖版的傳說，後來《連江縣誌》（臺灣版）便記載：「某日，乃父出海捕魚，不幸遇風罹難，默娘痛不欲生，乃投海尋父，卒負父屍漂至南竿島，鄉人感其孝行足式，厚葬立廟祭祀，尊稱之為媽祖。」這使馬祖靈穴的由來有了依據。其實，在馬祖地區也有不少浮屍立廟的故事（如楊公八使、陳元帥等）。

至於媽祖最後的靈體是否曾被迎回或仍在馬祖？一說是後來莆田鄉親跨海而來，已將媽祖聖體迎回，只留下衣冠塚在馬祖南竿；一說是鄉親雖迎回了遺體，但開棺時，已不見靈體，媽祖登天；

又有說，當時棺木無法移動，媽祖示意留在原地，據馬祖當地人士所說，宮內保留的不只是衣冠塚，靈穴中的確是有存放媽祖聖體。

不過請注意，《使琉球記》記載的是「天妃姓蔡，此地人」——此處的天妃姓「蔡」，有人因而認為該作者混淆了蔡紅亨蔡姑婆和媽祖信仰的傳說，後來又經口耳相傳增增減減，才會出現捨父救身的臺灣馬祖版傳說。這位蔡紅亨是明代萬曆年間琉球國人，傳說祂是臨水夫人之徒，與媽祖相似，有許多海上救難神蹟。

雖然莆田湄洲嶼和馬祖南竿島各自有不同的說法，但無論是果德圓滿的在湄洲飛昇，或於南竿島捨身救人，其實都示現了媽祖非凡的生命價值與意義。無論是羽化飛昇肉身成道或捨命救父，祂始終帶著最初衷的本願力，從凡夫開始修練，堅定自己人生的使命，世間哪裡有苦難，就往那裡去行善助人，這便是媽祖的修道之路。這也帶給了人們更多啟示與信心，相信我們只要虔誠修持，內心善良，必能感召媽祖的護佑。

林默「生前」事蹟年表（據《天妃顯聖錄》整理）

紀年	年紀（虛歲）	事蹟
九六〇年（宋太祖建隆元年，三月二十三日方夕）	媽祖誕生日	見一道紅光從西北射室中，晶輝奪目，異香氤氳不散。俄而王氏腹震，即誕妃於寢室。

約九六六年～九六八年左右	八歲～十歲	幼而聰穎，不類諸女，甫八歲，從塾師訓讀，悉解文義。
約九六八年～九七〇年左右	十歲～十二歲	十歲餘，喜淨几焚香，誦經禮佛，旦暮未嘗少懈。婉孌季女，儼然窈窕儀型。
約九七一年～九七三年左右	十三歲～十五歲	十三歲時，有老道士玄通者往來其家，妃樂舍之。道士曰：「若具佛性，應得度人正果。」乃授妃玄微祕法。妃受之，悉悟諸要典。
約九七四年～九七六年左右	十六歲～十八歲	十六歲，窺井得符，遂靈通變化，驅邪救世，屢顯神異。常駕雲飛渡大海，眾號曰「通賢靈女」。
約九七九年～九八一年左右	二十一歲～二十二歲	妃年二十一歲時，莆大旱，山焦川涸，農民告困。通郡父老咸曰：「非神姑莫解此厄！」縣尹詣妃求禱。妃往祈焉。擬壬子申刻當雨。及期，日已午，烈焰麗空，片雲不翳。尹曰：「姑殆不足稱神乎！」未幾，陰霾四起，甘澍飄灑，平地水深三尺，西成反獲有秋。眾社賽日，咸歡呼頂禮，稱神姑功德不可思議！
約九八一年～九八三年左右	二十三歲～二十五歲	先是西北方金水之精，一聰而善聽，號「順風耳」，一明而善視，號「千里眼」。二人以金水生天，出沒西北為祟，村民苦之，求治於妃。妃乃雜跡於女流採摘中，十餘日方與之遇。彼誤認為民間女子，將近前，妃叱之，遽騰躍而去，一道火光如車輪飛越，不可方物。妃手中絲帕一拂，霾障蔽空，飛飆

約九八一年～九八三年左右	二十三歲～二十五歲	卷地。彼仍持鐵斧疾視。妃曰：「敢擲若斧乎？」遂擲下，不可復起。因咋舌伏法。 越兩載，復出為厲；幻生變態，乘濤騎沫，滾盪於浮沉蕩漾之中，巫覡莫能治。妃曰：「江河湖海，水德攸鍾，彼乘旺相之鄉，須木土方可克之。」至次年五、六月間，絡繹問治於妃。乃演起神咒，林木震號，沙石飛揚。二神躲閃無門，遂拜伏願皈正教。時妃年二十三。
約九八四～九八五年左右	二十六歲～二十七歲	妃二十六歲春正月，霪雨至夏，淋漓弗止，閩浙盡罹其災。 省官奏聞，天子命所在祈禱。莆人詣請神姑。妃曰：「上下多獲戾於帝，故龍為災，亦數使然。今既奉天子命，當除厥禍，為我邑造福。」 見白虯奔躍衝突，又青、黃二龍洊蕩於漭蒼之表。妃焚靈符，忽有神龍面王冠荷戟而前曰：「奉帝罰此一方，何可逆命？」妃曰：「誠知玉旨降災，但生民遭困已極，下界天子為民請命，當奏上帝赦之。」遂鎖住白虯，彼一青一黃尚騰波翻覆。妃乃焚香祭告。遽有金甲神人逐潮似追尋狀，天大霽，秋且告稔。有司特奏神姑鎖龍神功。奉旨致幣報謝。浙省水災亦漸平。

九八七年（宋太宗雍熙四年丁亥秋九月重九日）	二十九歲	妃年二十九。 秋九月八日，妃語家人曰：「心好清淨，塵寰所不樂居；明辰乃重陽日，適有登高之願，預告別期。」眾咸以為登臨遠眺，不知其將仙也。次晨焚香演經，偕諸姊以行，謂之曰：「今日欲登山遠遊，以暢素懷，道門且長，諸姊不得同行，傷如之何！」諸人笑慰之曰：「遊則遊耳，此何足多慮。」妃遂徑上湄峰最高處，但見濃雲橫岫，白氣亙天，恍聞空中絲管聲韻協宮徵，直徹鈞天之奏，乘風翼靄，油油然翱翔於蒼旻皎日間。眾咸欷駭驚嘆，祗見屋虹輝耀，從雲端透出重霄，遨遊而上，懸碧落以徘徊，俯視人世，若隱若現。忽彩雲布合，不可復見。 嗣後屢呈靈異，鄉之人或見諸山岩水洞之旁，或得之升降趺坐之際，常示夢顯聖，降福於民。里人畏之敬之，相率立祠祀焉，號曰「通賢靈女」。

通靈少女——拜媽祖最早來自巫女信仰？

媽祖在世時間不長，其身世在正史當中並沒有記載，而是根據後來的廟誌與地方誌而來，因此針對她究竟是什麼人，流傳有種種說法，但最早的記錄多半指向——媽祖是一名巫女。

媽祖的身分最早來自巫女之說，這主要是根據南宋廖鵬飛所撰《聖墩祖廟重建順濟廟記》的記載：「……不知始自何代；獨為女神人壯者尤靈，世傳通天神女也。姓林氏，湄洲嶼人。初，以巫祝為事，能預知人禍福；既歿，眾為立廟於本嶼。」廟記本文主要說明建造媽祖廟的緣由，由於文中提及「以巫祝為事，能預知人禍福」，因此媽祖最早是以地方巫女的身分散播開來的。

除此文獻之外，南宋還有不少廟誌都將媽祖定位在「巫」的層級，如《仙溪志・三妃廟》所載：「順濟廟，本湄洲林氏女。為巫，能知人禍福，歿而人祠之。」可見媽祖在當地應該曾以觀察天象為能事，能為漁民商船精準預測出海的禍福，提醒鄉民何時能出遠洋、何時不能下海等。

順濟廟啟建事蹟

《聖墩祖廟重建順濟廟記》被認為是現存關於媽祖的最早文獻，記載順濟廟重建因緣，順濟廟位於福建省莆田市興化灣內港寧海附近，建造時間為宋哲宗元佑元年（一〇八六年），號曰「聖墩」。徽宗宣和四年（一一二二年）寧江人洪伯通出海遇險，呼神獲庇，平安還家後，便築壇於舊廟西。後來，給事中（官名）路允迪出使高麗，途中船遇險難，路允迪向天求救，忽見一紅衣女神於桅竿，隨即風平浪息。路允迪詢問是何神？船夫說是媽祖，路允迪回朝後稟告此事，徽宗頒賜「順濟」廟額，此即〈朱衣著靈〉（見16頁），也是媽祖首次受朝廷褒獎。

然而，媽祖當時還有另一個稱號——「通天神女」，被認為是具有通靈的神異女子。據南宋丁柏桂《順濟聖妃廟記》所載：「少能言人禍福，歿，廟祀之，號通賢神女，或曰龍女也。」又如南宋李俊甫《莆陽比事》所記：「湄洲神女林氏，生而神異，能言人休咎。」此外，祂熟悉水性，經常駕船出海，傳說祂駕一蒲席便能出海，雲遊於島嶼之間，所以被當地村民稱為神女、龍女。

從這些稱號來看，多半強調的是媽祖的通靈神力，可見，媽祖肉身成道後，最初的神格地位並不高，是後來皇帝追封後才一步步提升神格。雖然媽祖生前被認為是以巫祝為事，但應非一般的巫職，很可能是祂與生俱來的特殊神力，再加上精進修持，領悟奧妙法理，因此具有未卜先知的能力而助人。後人崇拜媽祖並為其建廟立像，不是因為祂的巫術靈通，而是祂慈悲救度的初衷與本心。

明教——媽祖生前是一位摩尼教傳教員？

如果你是金庸迷，應該對明教不會感到陌生，但你是否知道明教又稱「媽祖教」呢？這是怎麼一回事？媽祖跟明教有什麼關聯呢？

明教淵源於摩尼教（Manichaeism），而摩尼教發源於古代波斯王朝，傳入中土後，吸收道教及民間信仰，改稱明教。摩尼教的教義混合了瑣羅亞斯德教（祆教、拜火教）、基督教、佛教等幾種信仰的概念。

摩尼教又稱媽祖教？

明教後來又稱「媽祖教」，源自於元朝的大明王把「準提佛母法門」引入明教，並信奉準提佛母（又稱七俱胝佛母）為導師，由於波斯語的「導師」稱為「Moze」，譯音就是「媽祖」，所以有人稱明教為媽祖教，稱準提佛母為「媽祖」，並視其為媽祖名號的來源，因而，有些人認為媽祖生前是一位女摩尼傳教員。

摩尼教傳入中土後，依附在佛教白衣觀音信仰中，深入福州、莆田至泉州一帶流傳，與當地民俗生活結合，長期在閩南傳播。由於摩尼師多為女性，她們的法術與巫女十分相近，有法術祈雨之本領，而媽祖亦以能祈雨並為人預卜卦象，因次，的確有些研究學者認為媽祖信仰是摩尼教的延伸。

媽祖可能是泗洲文佛？

另外，有中國考古學者在文革後於湄洲媽祖祖廟找到、且被官方鑑定為真的「元朝石雕媽祖元始金身」，並有專家因此認為媽祖原始前身可

創作於元朝左右的摩尼教誕生圖，目前收藏在日本的九州博物館。

能是僧伽大師（泗洲文佛），與僧伽信仰有關。大師姓何，僧伽是其法號，是在唐高宗時來到中土的，在唐中宗時被奉為國師。

那麼，僧伽大師又和摩尼教有什麼關係呢？僧伽大師來到中土後，主要在東南省分傳教，所以在福建，泗洲文佛的確一度是居民普遍奉祀的神明，並被認為是白衣大士（即觀世音形象之一）的化身，因此，僧伽大師也被認為是早期中國東南沿海的海神男像觀音。不過，有的學者（例如蔡相輝博士）認為，僧伽信仰與摩尼教、華嚴宗在文獻上有一些暗合之處，所以並不是單純的佛教信仰系統，而與摩尼教有一些關係。

仙姑——媽祖是羽化登仙的女道士？

媽祖是道教人物，是道教的神明，這麼說來，生前的她應該是一名仙姑囉？

道士泛指道教的修行者（但也有人認為，道士專指進入道教廟宇求真理之人），男性道士稱乾道，女性道士稱坤道，俗稱道姑。至於「仙姑」，則是對女性道士的敬稱，但也有女性仙人的意思，如八仙中唯一的女性仙人——何仙姑，據說祂就是在荷花裡面羽化登仙。

道教修行的目標是成就仙道，認為人能通過精勤修練得道成仙，而古籍中對媽祖最終「湄洲飛昇」的描述，很接近道教修行者羽化登仙的最高境界。又《天妃顯聖錄》中提到，有一道士玄通傳授媽祖「玄微祕法」，又在「窺井得符」中敘述媽祖得到神賜的「銅符」祕寶，這些都屬於道教法寶，再加上媽祖傳記——《太上老君說天妃救苦靈驗經》——也收藏在《道藏》中……基於以上總總原因，很容易讓人聯想到媽祖在道教中仙姑的角色。

此外，仙姑也是民間普遍對從事占卜、乩童、靈媒等的一種女性尊稱，類似巫女的稱呼。

媽祖信仰一度是「淫祭」？

較特別的是，閩南一代對「孤娘」的稱呼，也就是無子嗣的女性孤魂，也尊稱仙姑；地方有所謂的「孤魂信仰」，明《八閩通志・卷五十八・廟祠》記載：「閩俗好巫尚鬼，祠廟寄閭閻、山野，在在有之。」或稱孤魂祭祀，可見在福建境內，巫與神鬼崇拜非常盛行。

不過，祭祀來路不明的孤魂，其實被宋代人視為「淫祀」的一種，《禮記・曲禮下》便說，「非其所祭而祭之，名曰淫祀。淫祀無福。」也就是說，在宋徽宗正式賜匾「順濟」於莆田聖墩廟前，昇天的媽祖其實被官方認定是「莆田的孤魂野鬼」，需要管制，而媽祖信仰也曾經是一種淫祭。

觀音——媽祖是觀音的徒弟，還是觀音的轉世？

除了媽祖生前的身分撲朔迷離，就連祂玄妙的前世和「出身」，也有幾種不同的傳說，其中最常被世人討論的，就是與觀音的關係。

俗話說：「人人拜媽祖，戶戶有觀音。」媽祖和觀音，一個是護國佑民的海神，一個是慈航普度的菩薩，是民間信仰中十分重要的兩位女神，但媽祖是源自中國福建沿海地區的民間信仰，觀音則是印度的佛教神明，為什麼祂們的關係會引起我們這麼多的關注和討論呢？

觀音和媽祖是師徒？

觀音來自印度佛教，但當祂進入中華文化圈之後，經歷了佛道融合的過程，變得道教化、民俗化。對佛教徒來說，祂是成道的古佛，也是上求菩提、下化眾生的菩薩；但另一方面，祂也成為百性民間信仰、道教中的「觀音娘娘」、「慈航真人」，是道教所收編的神祇，和佛教中的觀世音有所區別。至於觀音和媽祖是師徒的論點，則與明末創作的小說故事《天妃娘媽傳》（《天妃出身濟世傳》）有關，當中描述了一段觀音教授媽祖心法與寶物的故事。

故事中，媽祖原本為北天妙極星君之女「玄真」，祂發心降妖除魔，但法力不足，於是請教於西王母，西王母便要祂去向觀音菩薩拜師求法。觀音菩薩有感玄真的真心誠意，便告知祂如何收服這些精怪，並傳授祂真言咒語，登壇演法示範，最後又授予祂兩樣法器：真團盒一個與鐵馬一匹。玄真因此得知獼猴精、木魚精的來歷，更在觀音菩薩的指導下，學會了咒語和除妖之法。

《天妃娘媽傳》中此章篇名為「玄真女得佛真傳」，文中借用孔子的話「終日不違如愚」（顏回默然聽學，從不提問，看似愚笨，卻能發揮我所講的要義），也點出了觀音菩薩與玄真（媽祖）之間的師徒關係，兩人之間的對話透露了修道的法要——觀音菩薩回答玄真：「心過明鏡，那染塵埃，普濟生靈，永離苦海。」猶如禪宗六祖惠能大師的體悟：「菩提本無樹，明鏡亦非臺；本來無一

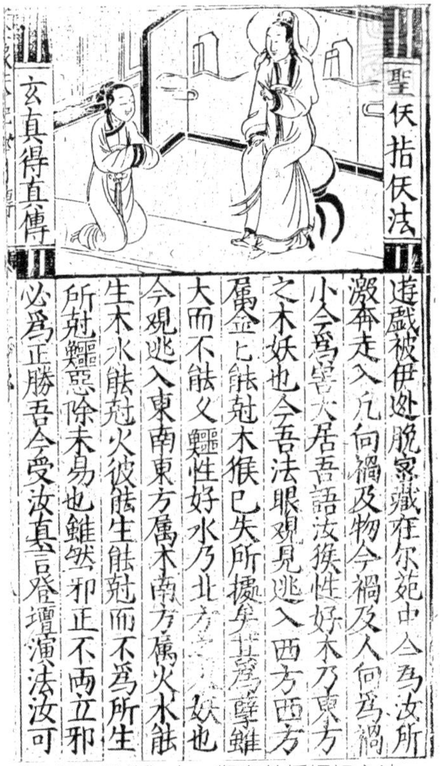

《天妃娘媽傳》中，觀音教授媽祖心法。

觀音賜媽祖鐵馬和鐵馬進香

除了在《天妃娘媽傳》中提到觀音授媽祖鐵馬一匹，《天妃顯聖錄》也記載有媽祖「鐵馬渡江」：某日媽祖要渡海，眼下卻沒有船隻，媽祖見旁邊屋簷下有一鐵馬，靈機一動，便取鞭，駕鐵馬奔海，隨風飛馳而去。上了岸之後，瞬間鐵馬消失無影，旁人無不驚歎海上龍女的神通廣大。也許是因為這些鐵馬的典故，苗栗早在六十年前（約一九五〇至一九六〇年間）就有「鐵馬進香」活動，農曆三月媽祖誕辰前，信徒以腳踏車長途跋涉，南下北港朝天宮進香，成為特有的進香文化，約莫也超過了「一甲子」。

物，何處惹塵埃。」實在頗有以心印心，默然領受的深意。而文中觀音菩薩傳授玄真心咒、法門、法寶及無上心法，便等同於媽祖的師父。

之後，玄真便投胎莆田林家，這也是觀音觀察因緣後授命，玄真自敘「親授觀音之命，欲有事於中華」，這符合「觀音賜子說」的因緣。

最後，媽祖終於收伏千里眼、順風耳兩妖精，並謙稱是觀音菩薩的功勞，《天妃娘媽傳》如此記載：「功建自我，所以能成此功者非自我，吾當未離北天之時，觀音菩薩曾授我真言，傳我妙訣，與我團盒鐵馬，則吾今日所恃以掃淨諸氛者，皆觀音之力也。」觀音菩薩和媽祖的師徒關係亦從此確立。

觀音賜子

媽祖的相關文獻中，提到祂的父母親曾經向觀音求子，其一說是賜優鉢花（udumbara）。佛教認為，具有大福德力的聖者降生才能感應此祥瑞靈異之花，而媽祖的母親就是吞了觀音所賜的優鉢花後才懷了媽祖。此說法出自明代《三教源流搜神大全》：「母陳氏，嘗夢南海觀音與以優鉢花，吞之已而孕，十四月始娩身得妃。」

此外還有賜丸藥說，媽祖的父親因好行善，其妻王氏夢見觀音授丸藥而受孕，此說法出自《天妃顯聖錄》、《敕封天后志》、《天后聖母聖蹟圖志》等。

話說回來，《觀世音普門品》中提及觀音賜子的感應力：「若有女人，設欲求男，禮拜供養觀世音菩薩，便生福德智慧之男；設欲求女，便生端正有相之女，宿植德本，眾人愛敬。」我們可以看到，這與媽祖的十五願力感應的第九條「扶持產難，母子安全」（見33頁）相同——二位女神都有解救孕婦難產、維護生育及提高女性地位的功能。

媽祖是觀音的轉世？

在民間，一般信眾大多稱觀音菩薩為「觀音媽」或「觀音佛祖」，若取其諧音，「媽祖」似乎也成了觀音「媽」和觀音佛「祖」的簡稱，因而默默隱含「觀音媽的化身」或「觀音佛祖轉世」之

媽祖心咒

媽祖心咒目前最普遍的唱唸為「嗡、阿利也、蘇利哆、陀密、梭哈」；但也有唸真言「唵、哆唎、哆唎、咄哆唎、咄咄哆唎、娑婆訶」。

媽祖心咒與觀音心咒頗為相似，類似於古印度佛教梵音的翻譯，例如綠度母心咒「嗡、大咧、度大咧、度咧、梭哈」，以及唐代智通大師所譯的「觀自在菩薩隨心咒」：「唵、哆唎、哆利、都多唎、都都多唎、咄唎、莎訶」。

意。其實，祂們在特質上亦十分相近，同具女性溫柔慈悲、平易近人的母親形象，而且廣大靈感。然而，媽祖為觀音菩薩轉世的說法也是有文獻可考。

化身（轉身）說

媽祖為觀音化身說出自《太上說天妃救苦靈驗經》：「齊天聖后，觀音化身。湄洲顯跡，海岸興靈。神通變化，順濟妙名。三十二相，相相端成。隨念隨應，至聖至靈。」這裡呼應了《普門品》中觀音能現種種應化身。

明清以來，觀音與媽祖信仰疊合，被信眾視同為「海神」，到了後期，信眾更以《普門品》的內容直接視媽祖為觀音的應化身。如《靜海縣志》便記載：「海船遇風濤危險，長跪高呼天后，空際有紅燈一盞來住桅上，立獲平安。《法華經普門品》云：或漂流巨海，龍魚諸鬼難，念彼觀音力，波浪不能侵，自來尋聲救苦，惟普門大士有呼必應，故稱廣大靈感觀世音。天妃殆觀世音三十二應之身歟，不然何靈異若此？」這意思是，呼求媽祖（天后），便馬上感應平安，如《普門品》中廣大靈感的觀音神力。媽祖就是觀世音菩薩三十二應化身示現，不然為什麼這麼靈異？於是，後人也常把《觀世音菩薩普門品》視為媽祖信仰中的必誦經典之一。

黃淵〈聖墩順濟祖廟新建蕃

一六七〇年，荷蘭人歐弗特．達波（Olfert Dapper）所著之《第二、三次荷蘭東印度公司使節出使大清帝國記》中的觀音插圖。

化身說VS分靈說

觀音的化身轉身說，與佛教三身（法身、報身、化身）思想有關，所謂化身（應化身），就是菩薩為教化濟度眾生，以無數的分身應化於人間，救拔眾生的苦難。菩薩為救苦救難，常有千百億化身，而在人間的化度，多以肉身成道來示現，所以，歷史上觀音菩薩轉世化身的說法很多，如妙善公主、臨水夫人（陳靖姑）等。至於多身思想，在媽祖信仰中比較相似的，就是分身或分靈說，例如「鎮殿媽」、「老大媽」、「二媽」、「三媽」、「四媽」、「五媽」等不同之稱謂，以及在地化的各種名稱的媽祖，實則是同一尊神之分靈。

鼇殿記〉文中也稱媽祖為「普陀大士之千億化身」，把媽祖當作觀音大士化身。除此之外，《天后顯聖錄》序文中，林堯俞說：「相傳謂大士轉身，其救世利人，扶危濟險之靈與慈航寶筏，度一切苦厄。」林有勝的序文則稱：「相傳家香而戶火焉，稱為大士轉身，亶其然乎。」這裡的「大士轉身」就是指觀音大士化身的乘願再來人，如此一來，媽祖便從巫女等流之凡輩晉升為佛菩薩化身。隨著媽祖地位的提升，媽祖的信仰在沿海地區也變得愈來愈盛行。

代替觀音接掌南海的守護

依經文，媽祖和觀音救度眾生的願力（見32頁）十分相似，除了海上救度，發願內容也雷同。

媽祖的第一願是「誓救舟船，達於彼岸」，與《觀世音菩薩普門品》「由是菩薩威神力故，若為大水所漂，稱其名號，即得淺處」、「或漂流巨海，龍魚諸鬼難，念彼觀音力，波浪不能沒」內容相似。

媽祖的第二願為「誓護客商，咸令安樂」，一如《觀世音菩薩普門品》：「有一商主，將諸商人，齎持重寶，經過險路。其中一人作是唱言，諸善男子，勿得恐怖，汝等應當一心稱觀世音菩薩名號，是菩薩能以無畏，施於眾生，汝等若稱名者，於此怨賊當得解脫。」

生活在沿海島嶼區域的人們，多需要海神的守護，唐朝時期的浙江省舟山群島中，普陀山道場的觀音信仰就十分盛行；後來，到了宋朝，媽祖信仰則是自福建莆田湄洲島開始——兩者都曾在沿海島嶼，被視為海上的守護神。

菩薩為什麼憤怒？媽祖為何變臉？

觀世音菩薩不都是慈眉善目嗎？為什麼也會憤怒呢？

在西藏密宗「密續」中，觀音菩薩會現出憤怒相。這是菩薩示現，為了幫助修行者降伏內心的魔，排除障礙，也是為了調伏十惡不赦的眾生。

在媽祖神像中，為了降妖伏魔，媽祖也會翻臉、變臉，如黑臉媽祖多半是為了鎮伏妖魔。

此外，媽祖的護法將軍很多都是被媽祖降服的妖怪，可見這些都是方便善巧教化的方式。

認識觀世音菩薩

觀音，即觀世音菩薩，名為「阿婆盧吉低舍婆羅（Avalokitasvara）」，其名號的意義為：觀察世間音聲，覺悟有情眾生。所以，眾生遭遇任何災難，只要一心稱唸觀世音菩薩聖號，觀音菩薩即時能「聞聲救苦」。

觀音原先是印度傳出來的，屬於大乘佛教系統，傳入中國慢慢「轉型」融入中土。觀音信仰除了傳入中國，也深入西藏、尼泊爾、不丹等國家，因此有不同語系的經文及修持方式。漢地民間信仰廣為流傳的「家家阿彌陀，戶戶觀世音」，其中觀音即為阿彌陀佛的左、右脅侍菩薩，為「西方三聖」之一。

在臺灣民間常稱「觀音佛祖」、「觀音媽」，在中國民間稱「觀音娘娘」，南海一帶稱「南海觀音」（浙江普陀山群島）。此外，觀音在道教稱「慈航真人」；在一貫道稱「南海古佛」；靈山派奉為「五母」之一；在許多教派中也都有信奉的教徒。

觀音菩薩於無量劫前早已成佛，名號「正法明如來」。若要考察其身世，根據《悲華經》所載，觀世音本名「不眴」，無量劫前是個王子。菩薩超越了男女性別概念，是以不同的形象分身化度，如千手千眼觀音，甚至還有其他非人類的形象、觀音憤怒尊等，但是最常見的仍然是女性角色，如白衣大士、送子觀音、魚籃觀音等。至於觀音在民間的化身，除了媽祖之外，其他還有文成公主、妙善公主、臨水夫人等。

到了《元史》，則提到：「惟南海女神靈惠夫人，至元中，以護海運有奇應，加封天妃神號……」原本「南海觀音」的稱號，顯然已經移轉成媽祖的「南海女神」——媽祖取代南海觀音，來接當海上守護的責任，頗有傳承的意味。

觀音和媽祖比一比

媽祖和觀音雖然有很多類似之處，但詳細比較仍有些差異。

基本上，媽祖屬於漢文化地區的神明，身世為漁村之女，是有漢語文獻可考察的歷史人物，也純為中國本土的發展出來的神明，由人格轉化成神格，在中國歷史上有冊封與正式祭典，因其海神特性，傳播地區以沿海全球華人為主，信眾也多以華人為主。在儀式活動上，以進香遶境為主，在臺灣、中國閩南福建特別興盛。

觀音則發源於印度地區，之後融入於中土的民間信仰，據說早在三國時代就進入漢地，甚至可能更早，約在唐朝成立了南普陀觀音道場。觀音原始本尊難以就歷史人物來考察，佛菩薩透過化身的方式，示現種種分身人物，可男可女，甚至非人，其形象千變萬化。至於觀音傳播的地區，並非都在沿海一帶，主要在全球大乘佛教地區，原始語言是印度梵文，另有西藏地區的藏語系——藏傳佛教的觀音信仰與修持也是非常盛行的。

	媽祖	觀音
發源地	中國湄洲島	印度
本尊身世	漁村之女（本尊可從人類歷史考證的人物）	無量劫前的王子（本尊成佛時間已經超越人類歷史）
神格發展概念	由人格發展到神格	古佛倒駕慈航，化身到人間，本尊具千百億化身
性別	女性形象	超越性別
在中國出現年代	宋朝開始創建媽祖廟	約莫三國時代進入中國，唐朝創建普陀山道場
宗教思想	起源於漢地民間信仰，融合儒釋道	起源於印度大乘佛教系統
傳播語系及地區	全世界華語華人地區，由沿海地區為主，慢慢發展到內陸	三大語系：華語、印度語（梵文）、西藏語，發展與傳播地形不限
形象造型	金、粉、黑面等像，黑面是降魔相	千手千眼、白衣大士、白度母、綠度母等形象，及憤怒尊
成為守護神的年代	由宋朝開始成為南海女神地位	約唐朝，南海觀音便開始成為南海守護神
宗教地位	天上聖母、天后之尊	佛菩薩（古佛再來）

主要經典	《天上聖母經》	《觀世音菩薩普門品》
儀式活動	進香、遶境等	有各種修持儀軌
祈求方式	皆是以「稱唸名號」為主	

觀音彩上有媽祖

你曾經看過早期一般民間家中供桌上「觀音彩」的神明畫像嗎？仔細一看，觀音彩的畫像中也藏有媽祖的畫像。

觀音彩又稱「觀音媽聯」、「觀音漆」，臺灣早期民間會放置在家宅供奉、早晚禮拜。從清末發展到日治時代初期，由原本的觀音、灶神、土地公（合稱「家宅三聖」），一直到「家堂五神」的出現，才出現了媽祖、關公，形成了熟悉的三段式構圖風格，最上層是觀音，中間層是媽祖與關公，下層則為灶神與土地公。

龍女——媽祖不只是觀音的女弟子，還有龍族的身分？

媽祖另一個廣為流傳的前世傳說，也和觀音有關——祂是觀音身旁的女弟子龍女。

媽祖是觀音身旁的女弟子「龍女」的轉世，也是在莆田地區民間口耳相傳的故事。某次，善財、龍女身旁兩弟子隨觀音菩薩參加王母娘娘的蟠桃盛會，龍女經過莆田湄州的海域時，見一股黑氣自海面直衝天頂，一望才知漁民被海怪襲擾，船上婦人孩童悽慘哭喊著，龍女於心不忍，於是發願解救百姓，向觀世音菩薩請求下凡。這與林氏夫婦到觀音廟求子、觀音賜子，在故事情節上有了串接，既然龍女要下凡普度眾生，而林氏求子，觀音便讓弟子龍女下凡間，所以觀音賜優鉢花（或說賜藥）。

從文獻上來看，媽祖為龍女投胎的傳說故事，主要是因為廟記中也出現了「龍女」一詞。〈順濟聖妃廟記〉中記載：「神莆陽湄洲林氏女，少能言人禍福，歿，廟祀之，號通賢神女，或曰龍女也。」《莆田縣志》也有記載：「鄉民以病告輒愈（癒），長能乘席渡海，乘雲遊島嶼，閭人呼曰神女，又曰龍女。」不過，文獻所指的「龍女」是否就是觀音脇侍在旁的「龍女」？抑或只是單純指與江海有關的女神？也許默娘憑著慈悲心腸和一身好水性，拯救海上遇難的漁民和客商，所以被當地人稱為神女、龍女。無論如何，這充滿宗教色彩的傳說故事，已出現在民間小說及媽祖廟的壁畫當中，在民間已廣為流傳。

龍女的來歷

媽祖廟記中除了出現「龍女」一詞，還出現媽祖為「龍種」之說，據〈靈惠妃廟記〉所載：「……或曰：妃，龍種也。龍之出入窈冥，無所不寓，神靈亦無所不至。」這是因為觀世音菩薩身旁的龍女就是出身龍族，或是稱那伽龍女（nāga-kanya），原本是娑竭羅龍王的三女兒，叫善女龍王。

「龍女」最經典的故事是《法華經》中的「龍女成佛」公案：那時，舍利弗爭辯女人身是否能成佛一事。於是，龍女將一顆貴重的寶珠，雙手捧著送給佛陀，佛陀接受後，龍女回過頭來，忽然轉變為男子身，瞬間成佛，具足菩薩萬行，往南方無垢世界，坐大寶蓮華中，普化一切眾生。據說龍女雖已成佛，但仍乘願再來，輔佐觀世音菩薩度化眾生。所以，在閩臺地區家家戶戶的佛龕觀音圖，成為觀世音菩薩兩旁的左右脅侍，即善才童子與龍女。

三教——拜媽祖是信佛教、道教或儒教？

為什麼媽祖廟法會唱誦佛教經典？為何在媽祖廟中常常出現佛教的觀音菩薩，也會出現道教的玉皇天尊？又為何媽祖地位等同儒家聖賢孔子，而有「女聖人」的尊稱？

有人問：媽祖屬於佛教、道教或儒教？這得從媽祖最初是怎麼發跡開始說起，再談到媽祖信仰如何在儒釋道三教融合。

從會發光的小聖墩到納入官方祠廟

宋朝廖鵬飛《聖墩祖廟重建順濟廟記》有段記載是這樣的：「聖墩去嶼幾百里，元祐丙寅歲、墩上常有光氣夜現，鄉人莫知為何祥。」由此可見，媽祖信仰最初的發展，其實僅屬莆田地區村民信仰、只是在地人對林默娘的崇拜祭祀，而且也只是個聖墩——「墩」是指沙土堆積而成的高丘或石柱木墩，「聖墩」差不多類似紀念墓碑或小型廟祠。而從初期文獻內容來看，媽祖最初都只是被列為巫祝等級，或是僅僅指稱祂「通天神女」，可知最初媽祖信仰是屬於地方部落的一種神靈信仰，直到後來媽祖受封，才逐漸擴張，納入到各宗派的領域。

媽祖開始一步步升格，從一位平凡的漁村巫女，轉型成為國家級的天后聖母，始於「順濟廟」的重建與官方認定。媽祖民間信仰始於宋代，約在元祐丙寅年（一〇八六年），過了三十七年後，宣和五年（一一二三年），宋徽宗正式賜匾「順濟」於莆田聖墩廟。皇帝「賜額」代表國家對祠廟的合法性授予，也開起了官方認證媽祖信仰的先河（見44頁）。宋徽宗最特別之處，是他自稱「教主道君皇帝」，還創造了「天神下降」的神話，因此，他當時也授封了許多其他神明，例如關公。

媽祖與觀音的融合

媽祖被賦予觀音的角色，則是開始於元代。

藏傳佛教的影響

元世祖忽必烈建國後，是以藏傳佛教的喇嘛教為國教，在元代祭祀媽祖的文中便出現「南海女神靈惠夫人」的封號，黃淵〈聖墩順濟祖廟新建蕃釐殿記〉甚至把媽祖認為是「普陀大士之千億化身」，也就是觀世音菩薩的化身，於是媽祖與觀音的形象開始融合。

媽祖與觀音同臺飆戲

至於媽祖與觀音兩尊神佛的正式交會，則主要受到民間章回小說的影響。明代《三教搜神大全》中的〈天妃娘娘〉中就有不少與佛教連結的故事；明代吳還初所創作的《天妃娘媽傳》，除了「觀音授法媽祖」，還有「真人朝南海，將士守宮庭」、「觀音離寶座，貞女列瓊臺」等，天妃每每除妖使用的，也多是觀音所傳授之法寶，在救助水難時，「輒向觀音佛前頂禮誦咒」；甚至以「白日昇天，傳佛正法」來介紹天妃……可見明代的媽祖信仰在民間已與佛教合流。

臺灣早期媽祖廟與佛教僧侶的因緣

在臺灣，媽祖信仰早期渡海來臺灣，多是由僧侶開基立廟或當住持——不少媽祖廟是由臨濟宗禪師分香來臺，因此法會常唱誦佛教經典。此外，臺灣的媽祖廟多半會供奉觀音菩薩，並尊稱媽祖為「媽祖菩薩」。

佛光山創辦人星雲大師還曾為媽祖完成〈媽祖紀念歌〉，歌詞中提到：「是天上的聖母；是人間的明燈，是佛教的護法，是菩薩的化身。」星雲大師認為，媽祖有如「臺灣觀世音」，化身無數，慈悲度眾。其實，觀音與媽祖的信徒也常相互重疊。

媽祖傳奇收錄於道藏經典

從早期的史料來看，較完整的媽祖「經典」，出現在《正統道藏》收錄的《太上老君說天妃救苦靈驗經》，內容是敘述媽祖成道過程，並闡揚媽祖功德。當中還提到，媽祖被太上老君授命下凡化度人間，「於是天尊乃命妙行玉女降生人間，救民疾苦。」太上老君為道教教主，宣示了媽祖神格之位。

此經完整呈現媽祖信仰教儀，據學者研究，此經編纂完成的時間，約在明朝永樂七年（一四〇九年）正月以後（見33頁）。內容包括：天妃降生緣由及靈驗事蹟、廣救真人偈言、天妃誓言、老君封敕等；以及天妃救苦靈符和敕符咒、仰啟呪、啟請咒、奉禮呪等。

唯一和至聖先師孔子同等地位的女聖人

儒家認為，祭祀之禮乃國之大節也。孔子的祭禮排場隆重盛大，而媽祖不但受過歷代帝王連續冊封，還由官方列為正式國家祭典，與孔子幾乎等同地位。隨著中國海運歷史的發展，媽祖從地方部落的漁村少女，轉型成為國家等級的聖母之尊。

三字經文體流通版的《天上聖母經》，便有濃厚的儒家思想：「聖人出，亦可知。現麟瑞，生孔子。產聖母，寶光輝。女聖人，默娘兒。林家女，湄洲居。父母善，祖先慈。積善家，慶有餘。生聖母。」經文中，媽祖的地位是與孔子等齊的「女聖人」。此外，「機上救父」、「投海救父」的故事，也充分表現出儒家孝道的意涵。

其實，從最初的文獻資料來看，媽祖信仰純粹只是一種地方上的民間信仰，而依其成神方式來看——生前有功於民，死後被祭為神繼續護持百姓——的確比較符合道教成神的條件，只是後來又逐漸納入更多元素。融合儒、釋、道，是中國長久以來的現象——三教合一且援佛入道的情況，從宋朝就開始了。

無論如何，我們追隨媽祖，都應回歸到祂的本心與初衷，要學習的是祂的慈心願力、奉獻的人生與救苦救難的精神，請感受媽祖內在源源不斷湧現的善願力，與媽祖心心相印。

千里眼、順風耳——有媽祖在的地方，就有祂們？

媽祖又被稱為海上女神、天上聖母，和祂的護法將軍——眼觀宇宙萬物的千里眼和耳聽世間眾音的順風耳——共同驅邪鎮惡、護佑萬民。

一走進媽祖廟，一定會看到兩尊護法，也就是順風耳和千里眼，這是媽祖二十三歲時最初降伏的精怪，並成為祂的左右護法。

原先他們是金水兩精怪，千里眼為水精，順風耳為金精，面貌凶惡，常出沒在島上的桃花山，禍害百姓，村民向媽祖求救。於是媽祖喬裝成村姑，一起和村民上山採果，兩精怪以為媽祖只是一般女子，便過去調戲祂，媽祖大聲呵斥，並化作一道火光如車輪飛越，讓他們眼花撩亂，什麼也看不清楚。兩精怪發覺不妙，準備開戰，手上的鐵斧拋向媽祖，但鐵斧直接落地，再也拿不起來。媽祖拂手一揮絲帕，頓時之間，狂風大作，塵土飛揚，陰霾罩頂，兩精怪嚇出一身冷汗，就地伏法求饒，媽祖便放他們一馬。

千里眼與順風耳最早出現在什麼朝代？

媽祖收服千里眼與順風耳的故事雖廣為流傳，但傳說他們最早其實出現於殷商，例如明清小說《夏商野史》便提到：「子牙曰：東海度朔山有大桃樹，其根盤屈三千里，其柯向東北，號曰鬼門，乃萬鬼出入之所。有四神……又一名千里眼，一名順風耳，能視聽千里之外。二神監察遠方邪魅，神荼二神即收而斬之。」

《封神演義》則說，在商朝末年，他們原是山上的精怪（桃精和柳鬼），擅長妖術，一位高明，眼觀千里，人稱「千里眼」；一位高覺，耳聽八方，人稱「順風耳」。商紂王把他們差往前線作戰，兩人頗有本事，成為姜子牙的心腹大患。後來，周營想出一策略，以戰鼓擾亂順風耳，以旗幟遮住千里眼，並施祕術，於是二人法力全失，死於戰亂。他倆心有不甘，妖魂一直盤踞在桃花山上，就這麼歷經了三千多年的修練，直到媽祖前來收服，才改邪歸正。

又過了兩年，兩精怪經過修練，法力更加高強，能夠騎乘在濤水上，翻滾浮沉於江海，時出時沒，千變萬化，害人無數，又無法制伏。

村民再次請媽祖來，媽祖凝神一觀，知道他們為金水精怪，最擅長於江河湖海的地方，於是宣說神咒，讓山中林木震盪巨響，沙石飛揚，以木土剋兩精怪，兩精怪無處躲藏，終於認輸，跪拜伏首，發誓今後痛改前非，回心歸向正法，願永遠為媽祖效力。

自此之後，兩怪成為媽祖左右護法大將，協助降妖除魔、濟世救人，以此將功贖罪。

話說回來，千里眼與順風耳兩尊護法作媽祖的耳目，千里眼為「觀」，順風耳為「音」，兩將合而為一即為「觀音」，符合媽祖乃觀音菩薩化身之說。

他們本為金水兩精怪，象徵人們內心的妖魔，再怎麼十惡不赦之人，只要願意在媽祖面前悔過修正，媽祖也會耐心教誨，使其改惡遷善——因為這一念回心向善，「眼」前世界改變了，「耳」裡的聲音也不一樣了。

水精、金精兩個精怪，跪拜在媽祖面前發誓歸向正法，後來成為媽祖的左右護法大將——千里眼、順風耳。

水闕仙班——玉皇上帝命令媽祖組建的海上保衛隊！

所謂的「水闕仙班」，是指媽祖被玉皇上帝封為海上之神後命令祂組建的一個隊伍，以維護海上的和平與治安，保護海上人們的安全，這個海上保衛隊共有十八個成員……

「水闕仙班」此名詞的出現，目前能找到的最早記錄在《天妃顯聖錄》，「（將嘉應、嘉佑）並收為將，列水闕仙班，共有一十八位。」不過，書中點名提到的部將僅有海晏公、千里眼、順風耳、嘉應和嘉佑、高里鬼，所以如果只參考《天妃顯聖錄》，並不知道剩下的班底還有哪些。

十八水闕仙班成員到底是哪十八位？

媽祖的水闕仙班十八將到底是有哪些班底？

事實上，「水闕仙班」的完整班底，因依據的文獻不同而有所差異。據《莆田媽祖宮廟大全》中對諸神考察，發現十八位神將的說法不一。

在《太上老君說天妃救苦靈驗經》及《天妃顯聖錄》提到的神將，加起來共有十一位，即：晏公、千里眼、順風耳、嘉應、嘉佑、黃蜂兵帥、白馬將軍、丁壬使者、櫳香大聖（高里鬼）、青衣童子、水部判官。再加上另外七位（據流傳於臺灣民間水闕仙班十八神將圖繪）尚有：巡海仙官、百花仙子、凌波仙子、東海龍王、西海龍王、南海龍王、北海龍王。

以上是目前民間比較普遍的說法，還有另一種說法，則依「五湖、四海、九河」，即浙江寧波毛竹五水仙、四海龍王、福建莆田木蘭陂三水神、廣東二伏波將軍馬援和路博德、泉州林巡檢、嘉佑、嘉應和晏公總管。而且，「五湖、四海、九河」之說亦有分歧，例如五水仙，早期指馮瑨兄弟三人及蔡某、丁仲修等五人，是在世時有功的儒生和官員，死後成為協助漕運的水神，但到了後期又有不同的組合（在某些媽祖廟裡，水仙尊王供奉：李白、大禹、屈原、伍子胥、王勃等，祂們為內陸江河之神的身分，多為中原地區的水神）。

除此之外，湄洲媽祖廟的水闕仙班十八位神將，皆以莆田一帶為主；至於泉州媽祖廟則另祀二十四司，已非出自莆田地區，而是把道教和泉州一帶信奉的神將，都包羅其中。由此可知，媽祖的水闕仙班的神將班底也會因地制宜，隨地區和時代不同而改組，這才讓各地區的媽祖護法神將出現了差異。

水闕仙班大總管——晏公

統領媽祖「水闕仙班」陣容浩大之兵將的大總管，就是晏公。晏公本是海怪之一，時常興風作浪，使船舟翻覆，為前往深海遠洋船夫最大的威脅。

某一天，媽祖駕著小船前往東海，途中風浪澎湃，小船隨浪沉浮，突然，船夫大喊：「桅舵就要斷了！」

媽祖看情勢不妙，便要船夫快拋下船錨來固定船身。就在此時，只見一臉鬍鬚、眼睛凸出、頭上戴金冠、身著繡服的海怪，隨著海潮升降出沒，一陣陣閃電雷震。媽祖不動聲色，顯現出神通靈變，瞬間掀起一股更大的風浪撲向海怪，海怪不敵媽祖的神威，架船舟離去。

不過，海怪內心不服，又變成一條神龍，吞雲吐霧、張牙舞爪，回頭奔騰而去。媽祖心想，此妖若不制伏，海上風波就無法平息，於是持咒降伏，並將法網撒向海怪，任他如何翻滾，都無法逃脫，現出了原形，海怪只好求饒。

媽祖收了網，想再試探他，又丟去一根纜繩，海怪被緊緊綁住，動彈不得，再次央求。媽祖要求他改邪歸正，從今以後，統領水闕仙班，負責巡羅，救護民難，以立功贖罪。於是，海怪就成了媽祖手下最得力的幕僚長——晏公，總管水闕仙班十八將。

「欲學我，勿延遲，肯回頭，到岸堤。」媽祖度化海怪，不但能使之改過遷善，更讓他發揮所長，將功贖罪。海水會覆舟，亦能載舟，看似危害的事物，如果善加運用，也能利樂群生。在世間也是如此，沒有永遠的壞人，只有不願回改的心。

晏公的歷史背景——從水神到海神

晏公又稱「海晏公」，原是江西的地方水神。晏公有不少傳說，早在南宋蔣叔輿所編撰的《無上黃籙大齋立成儀》中就已提及「都督晏元帥平浪侯」。在元末明初被塑造成專職水神的形象，並流傳至全國各地。其最廣為人知的典故見於《三教搜神大全》的〈晏公爺爺〉：

晏公姓晏，小名戌仔，元朝江西臨江人，曾應選入官，後因病還鄉，在途中的舟船上過世，侍從便將其裝殮，遺體運抵家中，但鄉親打開棺材後，卻發現裡頭一無所有，以為他已昇天成仙，便立廟祭祀。晏公常顯靈於江河湖海之上，船商一遇到波濤洶湧便叩頭跪拜晏公，立刻就風平浪靜，航行安穩順遂。

明朝洪武初年，晏公被敕封為顯應平浪侯。據明代《七修類稿》，某次朱元璋率兵增援，江上起風，船將翻覆，朱元璋祈求神靈保佑，突然有位紅衣人將船拖運到沙洲上，朱元璋請問何方神靈，神回答他，「我乃晏公。」明朝建國後，長江時常決堤，也是因為晏公協助才解決問題，於是晏公被冊封為「神霄玉府晏公都督大元帥」，命天下建廟，專人祭祀。在明朝朱元璋的推廣下，晏公成為具有全國性影響力的水神。

明末王象春的《晏公廟》中，則記錄有另一段傳說：江中有兩根棕毛纜繩變成了妖怪，稱為「大宗」、「小宗」，晉代有位仙人許遜經過此江，吃完柿子後，將剩餘部分扔進水中，被兩妖借去當眼睛，後現身逼向許遜。許遜於是取出法印，正中兩妖的額頭，使大宗、小宗獲封成了神，也就是晏公和蕭公，因此許多地方常供奉此二神。在某些地方，晏公甚至成了全能的神，降雨、治洪、驅邪、祛病、保平安、做生意、婚嫁等等，都能包辦。不過，發展到後期，晏公水神的地位已漸漸被取代，清代時，祭祀晏公的廟宇已不多見。

從水運到海運的發展，晏公也從水神轉為海神，後來被媽祖所收服，任命為水闕仙班十八將的總管。

符咒降妖——高里鬼

宋代湄洲灣某村莊，出現了一個能呼風喚雨的妖怪，只要被他的陰風吹到，或碰到那吹起的黃沙，就會染病臥床。村民苦不堪言，求助於媽祖。媽祖知道是山林中小木精作怪，於是先採藥給村民，再用硃筆黃紙寫上符咒，讓家家戶戶的門窗都貼上，以警戒妖怪。

妖怪一到深夜就想闖各戶家門，只是這次他一到門口，便被符咒的一道金光射入，渾身疼痛。

到了另一戶人家，又是如此，這時他才驚覺，媽祖在警告他不可再擾害村民。他不是媽祖的對手，又惱火自己被符咒所傷，於是搖身變成一隻鳥，從屋頂瓦片底下鑽進房子裡，開始作怪。

媽祖知道後，覺得他太猖狂，如果不制伏，百姓也難安身，於是跟蹤妖怪，找到了他在岩洞中的巢穴。媽祖舉起掃帚，掃了過去，「轟隆」一聲，岩洞便粉碎了。妖怪也十分滑頭，瞬間變成小鳥，飛了出去，躲在樹林中。

媽祖心眼一望，見樹梢上隱約掩藏著一股黑氣，便把聖水朝樹梢一灑，小鳥慘叫一聲，從樹梢掉了下來，但地面並沒看到那隻鳥，只有一撮枯枝，媽祖以火燒之，那枯枝終於現出原形，小鬼顫抖跪地，叩頭求饒，並發誓以後再也不作惡，願改邪歸正，跟隨媽祖。媽祖見他有回改之心，便饒了他，並收他為兵將，立功贖罪，又以擒抓妖怪的地點「高里」賜名給他，後人遂稱「高里鬼」。

媽祖收服高里鬼的故事，在《天妃顯聖錄》、《敕封天后志》等都有記載。

從海怪到神將——嘉佑和嘉應

嘉佑和嘉應兩人為兄弟，外型相似，形影不離，並稱「嘉氏二怪」。他們常躲藏在荒涼的山丘之中，攝人魂魄。當商人經過時，便上前搶劫殺害；或是在巨浪中破壞船舟，奪取商船財寶，到處為非作歹。船民苦不堪言，於是一起請求媽祖來除害。

媽祖對嘉氏二怪危害之事也早有耳聞，但每次祂一出現，二怪便遁逃到海角天涯。為了逮捕二怪，媽祖扮成來往的商客，混入海上的船隻，並且將一些奇珍異寶放在船上，欲引誘二怪現身。果然，其中一怪嘉佑，就和平時一樣，駕駛著小鐵船慢慢靠近，準備衝撞船隻，但是，媽祖早在船隻上貼了一道靈符，保護了船上旅客；更令嘉佑大吃一驚的是，他的鐵船竟被媽祖的木船給撞裂了。他急忙捨棄鐵船，想要奔逃，媽祖見他自投羅網，馬上施法唸咒鎮壓了他，嚇得他伏首認罪。

隔了一年，嘉應出來為害百姓，媽祖苦思對策，終於想到了好辦法。某天，媽祖打扮成美貌村姑，獨自一人走在山路中，躲在暗處的嘉應見祂孤單一人，生起歹念，前去調戲，正好落入媽祖的圈套。等到嘉應一到身前，媽祖馬上抽出拂塵，揚手揮去，嘉應知道拂塵法力強大，急忙閃身，而後仔細一瞧，見到媽祖，他嚇得心驚膽戰，立刻飛身逃離，但逃走的嘉應惡性不改，仍為非作歹。

媽祖知道後，令船人焚香齋戒，奉符咒，祂再次扮成船客，一起乘船出海等嘉應出現。嘉應仔細偷偷觀察很久，沒察覺到什麼風險，凶相畢露，現身搶奪。這次媽祖並未馬上出手和他交戰，而是不動聲色，讓嘉應輕輕鬆鬆搶得商船，他洋洋得意把船駛到住處，上岸時，才猛然發現媽祖站在他身後望著他。嘉應一見媽祖，驚恐跪下，誠心認罪歸降，於是媽祖把嘉應、嘉佑兩兄弟都收伏在水闕仙班之中。

媽祖收服嘉氏二怪的故事，在《天妃顯聖錄》稱為「收伏嘉應嘉佑」、在《敕封天后志》稱作「收伏二怪」。

千里眼與順風耳是嘉應、嘉佑嗎？

嘉應、嘉佑兄弟，以及千里眼、順風耳，為媽祖的護法四大金剛。不過，也有人認為媽祖護法千里眼與順風耳就是為嘉應、嘉佑，因為他們的造型相似，目光凶惡、口露獠牙，也有類似孫悟空的金箍，是媽祖收服祂們時套在身上的金環。

嘉氏二怪的繪像中，一者代表「喜」，一者象徵「憂」，兩種情感也象徵媽祖的內在，隨著媽祖神格的不斷提升，二怪形象也經歷了脫胎換骨的改造。昔年的妖魔，收起巨齒獠牙，獲得了入鬢的劍眉、遮蔽尖角的冠冕，雙腳蹬上錦靴，手裡拿書卷與寶劍，他們也隨著媽祖救濟世人而升格了。

移民——媽祖來臺灣了！

媽祖是東方海神，媽祖信仰的傳播自然也是跟著中國漁業、海上武力和貿易的拓展傳了出去。然而，或許正因為媽祖初期的神蹟多半是救援海難、庇護航運，航海之神的形象極度鮮明，這也導致祂雖然在臺灣深受全臺的敬仰，但在中國，媽祖信仰其實比較集中在東南沿海地區，內陸地區就比較少在祭祀祂了。話說回來，媽祖信仰來到臺灣也已經有幾百年的歷史，中間究竟又發生了多少事呢？

媽祖信仰是何時傳播來到臺灣呢？

到底是誰推動了臺灣的媽祖信仰？

其實，媽祖的信仰能在臺灣落地生根，一部分與移民有關，另一部分，則是因為有政治的力量在背後推動。

元世祖在澎湖立天后宮

據《林氏大宗譜》記載：「北宋初，北方流民湧入莆田湄洲沿岸，林默造木排渡難民往澎湖定居謀生。」林默就是媽祖，由這段記載可見，福建沿海一帶泉州、漳州、莆田等地的漁商，自北宋初便開始陸續移往澎湖發展，甚至定居下來。據史載，南宋泉州知府汪大猷遣兵戍守澎湖，並造屋兩百間，南宋的《諸蕃志》也記載：「泉有海島曰彭湖，隸晉江縣。」

澎湖在元朝正式設巡檢司，相傳澎湖縣馬公市的天后宮最早的創建年代可推溯至元朝。至元十七年（一二八〇年），元世祖派兵征伐日本，後因遭遇颱風，戰船傾覆，官兵四處漂流，元世祖夢見媽祖顯靈，在海上相助，救起落水的官兵，登陸平湖嶼（即澎湖嶼），次年，元世祖封媽祖為「天妃」，並在澎湖立天妃宮，設澎湖寨巡檢司。至於現存於天后宮的「沈有容諭退紅毛番碑」古碑，則為明朝沈有容因勸退荷蘭人有功，朝廷銘石留存，時間約在明萬曆三十二年（一六〇四年）左右，為日治時期修建天后宮時所出土，是臺灣現存年代最早的石碑（見214頁）。

媽祖跟著鄭和下西洋，來過臺灣？

媽祖信仰最初發源於福建莆田地區，一直到明代鄭和下西洋時代，媽祖屢屢護航有功。

因為海運的發展及媽祖顯靈事蹟，媽祖的神格地位不斷獲得推升，更使媽祖信仰迅速擴散海外國家。據《天妃顯聖錄》，明朝官兵出航前，都虔誠奉祀媽祖，祈禱保佑，鄭和平安歸航後，都會奏請朝廷對天妃（媽祖）進行褒封，並在各地修建天妃廟，酬謝媽祖護佑之功。明朝提高祭拜媽祖的規格，目的也是為了使下洋將士在遠航中有精神的依託。每當鄭和船隊在海上遇難，都會呼求天妃救助，鄭和在第七次遠航前，分別在江蘇太倉、福建長樂的天妃宮留下了《通番事跡記》和《天妃之神靈應記》兩塊石碑，可見航海時代媽祖地位的重要。

陣容龐大的鄭和艦隊，七次遠征，經過非常多國家，但到底有沒有來過臺灣？據蔣毓英《臺灣府志》所載，永樂十九年（一四二一年）和宣德六年（一四三一年），鄭和船隊都為了避風浪而駛入臺灣港，有短暫停留。據說鄭和艦隊曾抵達臺南赤崁附近靠岸，於「大井頭」取井水，甚至投藥於水中，讓當地人醫病。此外，鄭和在征服島上的原住民後，還讓他們在脖子上系上銅鈴（相關內容在史料《東番記》、《明史》、連橫的《臺灣通史》也有記載）。

鄭和下西洋期間，對媽祖信仰的傳播產生很大的影響力。鄭和艦隊的水手多來自福建、廣東、浙江沿海所招募，他們當中有些人留居海外，隨著閩粵華僑漂洋過海，傳到東南亞等地，甚至往北亞擴張……「海上守護神」媽祖漸漸成為跨越國籍的民間信仰。

至於鄭和是否把媽祖信仰也帶到了臺灣本島，以臺灣民間的觀點，多認為媽祖信仰是與鄭成功來臺有關。

開臺聖王與開臺天上聖母

關於臺灣本島的媽祖信仰開端，民間多以鄭成功於明永曆十五年（一六六一年）率舟於鹿耳門登陸收復臺灣說起，認為媽祖是隨著「國姓爺」鄭成功的船隊一起飄洋過海來臺，古鹿耳門因而成了臺灣最初媽祖廟的創始基地。鄭軍船隊開到鹿耳門外海時，因為水淺，大船無法駛入港，鄭成功於是換乘小船，至北汕尾嶼，設香案向媽祖祈禱，於是水漲數尺，艦隊才得以駛入鹿耳門港。之後，鄭氏便在該處奉祀媽祖。

此說來自楊英《從征實錄》：「是日水漲數尺，……亦天意默助也。」江日昇《臺灣外記》亦載：「成功命設香案，冠帶叩祝……望皇天垂憐、列祖默佑，助我潮水……」至今，臺灣民間仍流傳著，鄭成功祈求媽祖「助潮」，成功逐出荷蘭人，建立了臺灣歷史上第一個漢人政權。「開臺聖王」軍隊從湄洲分靈迎請入臺的「護軍媽」，則成了臺灣的「開臺天上聖母」（民間通稱「開基媽」），頗有宣示臺灣主權的意味。

不過，據《臺南土城正統鹿耳門聖母廟廟誌》的考察觀點，認為閩南一帶居民，很早就陸續移民臺灣——早在鄭成功來臺之前，北汕尾島（古鹿耳門）一帶便已有媽祖廟存在。學者石萬壽教授則認為，臺灣本島的媽祖廟應早於明鄭時期，以嘉義縣布袋魍港天妃宮的考察為例，認為該廟是鄭芝龍招募來臺墾殖者所建，約於明崇禎年間。

船上的船員沉睡著，研究人員認為可對上《天妃顯聖錄》中〈托夢護舟〉之故事。

國姓爺遇到媽祖也沒輒？

民間宮廟的說法，認為臺灣本島媽祖信仰始於鄭成功迎來了媽祖，但據《天妃顯聖錄》所載，清朝施琅打敗鄭氏王朝，與媽祖顯靈助戰有關。

康熙二十一年（一六八二年），施琅率大軍駐紮莆田平海，營中夢見媽祖指示：「二十一日必得澎湖，七月可得臺灣。」因此，攻打澎湖時，得到媽祖相助，士兵見到媽祖衣袍透濕，左右伴隨二神將。施琅原本為鄭成功的將領，降於清朝之後，清兵渡海作戰攻打臺灣，歷經了多次作戰，為了出師有名、提振士氣，又考慮臺灣水道險惡，進軍困難，於是運用媽祖信仰，採取心理戰術，讓鄭氏王朝內部崩潰投降。

康熙二十二年（一六八三年），鄭克塽降清，施琅認為這是媽祖庇佑的聖戰，為了報答天妃的恩德，上奏康熙皇帝追祀媽祖。另有一說，施琅攻克臺灣之後，擔心功高震主，便多假託戰功皆來自媽祖顯靈。一方面，清廷也運用宗教信仰的宣傳，取得在臺灣的政權合理化。

據說，當年施琅進攻臺灣時，特別恭請湄洲祖廟的聖母神尊護軍渡海，平臺之後，這尊「湄洲媽」留在彰化鹿港天后宮，成為臺灣最早奉祀湄洲祖廟開基媽祖神尊的寺廟。至於臺南祀典大天后宮，則成為全臺最早官方興建，並列入官方祀典的媽祖廟。臺南祀典大天后宮原為寧靖王府邸，有政治地位的象徵意義，故施琅刻意選此地為平定臺灣的地點，宮內還立有施琅「平臺紀略碑」。

總體來說，媽祖信仰能在臺灣興盛，除了與當時沿海一帶大規模移民潮有關，的確也有一部分是清朝政府的推動——政權、革命分子等利用宗教、信仰、神明來籠絡、鼓動或壓抑人民，自古就頗為常見，例如明朝就主要推廣玄天上帝。

媽祖天后取代玄天上帝

鄭成功在明鄭時代所建廟宇，多以玄天上帝、關帝廟為主，這是因為明朝皇室推廣玄天上帝信仰。據傳，在明太祖朱元璋的洞庭湖大戰中，玄天上帝曾以龜蛇現身鼓舞軍心，明太祖獲大勝，才得立國。

鄭氏東寧王國盛行玄天上帝信仰，東寧王國滅亡之後，清廷在臺宣揚媽祖神蹟，貶低原有的信仰及廟宇位階，因此，至清代中葉後，臺灣的玄天上帝信仰逐漸為媽祖信仰取代。之後，清廷又平定林爽文事件，也將這場勝利歸功於媽祖，乾隆皇帝因而在鹿港另建敕建天后宮（見233頁），成為臺灣唯一一座乾隆下令、官費出資興建的媽祖廟。

清朝皇帝尊崇媽祖，多少與政治目的有關，鄭氏政權原先信奉的是明朝的戰神玄天上帝，但隨東南沿海地區渡海來臺移民，民間橫渡黑水溝而深信媽祖護佑，便把媽祖請來，以私人力量建廟。清朝政府看準了這點，便將打敗鄭氏一事與媽祖庇佑連結起來，特意以媽祖信仰來取替明鄭奉祀的玄天上帝信仰，以攏絡在地民心。之後，清朝政府也多次借媽祖顯靈神蹟，協助清軍平定臺灣的民變，且數次冊封媽祖和官方建廟，強化統治臺灣的正當性，進一步鞏固政權。

日治時期偷偷拜媽祖

西元一八九五年四月十七日，清朝和日本簽署馬關條約割讓臺灣，日軍派兵來臺接收。抗日的劉永福設總統府於臺南祀典大天后宮，後來遭到日軍圍剿，發生規模不小的血戰。日軍在廟後挖坑埋葬，臺南祀典大天后宮因此逐漸荒廢，一直到後來，廟方才又向日本政府申請許可，得以重新經營。

永樂十一年八月十七日光中四現
聖像前有一神捧劍導引後一神執皁旗侍從
永樂十一年八月十七日光中五現
聖像坐於黑雲之上左右有二天神侍立

《大明玄天上帝瑞應圖錄》為明朝永樂年間不知名道士所編撰，記述明初修建武當山宮觀時出現各種祥瑞，圖為其中的〈黑雲感應〉——玄天上帝信仰是武當山帶起來的。臺灣因為鄭氏政權的關係，在明朝時也以玄天上帝信仰為主，到清朝才逐漸被媽祖信仰取代。

在日治初期，媽祖廟多為軍隊管理使用，有些被挪作臺南警察署派出所，又因抗日事件不斷發生（如西來庵事件等），為避免有人利用宗教來號召群眾抗日，臺灣民間信仰因此受到影響——這時日本政府對民間信仰廟宇都有嚴格的管制，必須經過日本政府申請通過。

到了皇民化運動時期，日本政府引進日本神道教信仰，在各地區興建日本神社，西元一九三八年更推行了「寺廟整理運動」，全臺多座廟宇被毀，或移作他用，民間信仰也都受到了壓抑，當時媽祖神像也被強迫遷移，甚至四處藏身。

媽祖從臺北城流浪到三芝淡海

日治時期，原廟址位於今二二八和平公園內的臺北府城大天后宮被拆毀，其原本為清光緒劉銘傳奏請朝廷敕令興建。

宮廟被破壞之後，「金面媽祖」藏身在臺北州廳舍（今監察院廳舍）的地下室庫房，西元一九一〇年初，這尊媽祖神像終於被發現了，金色面部雕工細膩，軟身神像，高一百八十公分，為「官塑」金面媽祖。於是，

一九三三年的臺南大天后宮。

三芝庄庄長及地方仕紳等人，向日本當局申請安奉，通過之後，便將臺北的金面媽祖移祀到三芝，並由庄民集資籌建，目前位在三芝的福成宮，於一九一九年落成，宮內主祀的金面媽祖聖像，就是從臺北府城流浪到淡海的媽祖。

西門町媽祖廟供奉日本弘法大師

臺北天后宮俗稱西門町天后宮，原名為艋舺新興宮，廟裡祭祀著一位日本僧侶——弘法大師，成為全臺唯一祀奉日本僧侶的媽祖廟（見235頁），也記錄了日治時期的媽祖廟變革歷史。

據《閱讀臺北天后宮》所載，日本政府發起皇民化運動，要求廢止臺灣寺廟，改奉祀日本神，便以開闢防空道路為由強制拆除。因此，當時信徒僅能將媽祖神像及神器暫奉於艋舺龍山寺後殿，而艋舺地區媽祖信仰中心新興宮便暫時停止了。二次大戰結束後，信徒又將媽祖迎回舊址，日治時期該處曾為弘法寺——高野山真言宗臺灣總本山，住持為弘法大師（空海），媽祖神像遷入時，原本該宮並無供奉弘法大師，後來受到弘法大師託夢，才特別供奉弘法大師。

臺灣媽祖信仰的總本山——北港朝天宮的崛起

北港朝天宮（見217頁）建於清朝，主要是因地理位置而興盛，當年，笨港為貿易港口，經濟發達，交通便利，相當有助於傳播。日治時期，臺灣民間信仰多受日本政府壓抑，唯獨北港朝天宮，在日本政府的支持下持續發展，還獲得了「臺灣媽祖總本山」的稱號。背後的原因是，縱貫線鐵路開通之後，日本總督府希望透過鐵道進香活動來活絡商業，進而為鐵道部帶來收益，正好朝天宮廟方與日本政府關係良好。

北港朝天宮的崛起，取代了臺南大天后宮的祀典官廟，成為媽祖信仰中心。

天母地名與媽祖有關

據說，臺北市「天母」地名的由來，出自日治時期日人中治稔郎融合媽祖信仰與日本神道教而創立的「天母教」，將神道信仰中的天照大神，與臺灣的天上聖母合而為一。中治稔郎又在士林興建天母神社，並且取得天然溫泉開發與經營權。慕名而來的信徒絡繹不絕，帶動當地商機，神社周邊的地方就被稱為天母。

中治稔郎在創教之初，遠至福建請了一尊湄洲媽祖，當時所祭祀的湄洲媽祖，如今被保存在天母三玉宮裏。

日治時期，池田敏雄《臺灣的家庭生活》一書中的插圖，畫的是在媽祖廟前休息的老人們，提到廟宇前（不只媽祖廟）是許多長者很喜歡的休閒場所。

媽祖回娘家——兩岸媽祖交流的新時代

西元一九四九年，國民政府軍撤退來臺，廟宇歸還地方民間，臺灣民間信仰回歸本土化，日本神社成了歷史古蹟，媽祖神像不用再躲躲藏藏，正式返回本宮坐鎮。戒嚴時期，廟會活動被視為迷信，雖然一度遭禁止，但各區地方廟宇仍以開國紀念等名義來進行遶境活動。同年，國軍指揮部於南竿鄉成立，官方定名馬祖列島，並成為國軍重要軍事地。

馬祖之名主要源於媽祖靈穴之說（見37頁）——媽祖本尊在馬祖，以媽祖之靈護佑臺、澎、金、馬的主權，當時重修媽祖廟時，立碑文中提及媽祖「事親至孝，父兄捕魚遇難，投海覓親，殉身抱屍，漂流斯島」，除了凸顯媽祖的孝道行為，似乎有意區別中共文革時代的古廟破壞。

就時代背景而言，兩岸媽祖信仰也有著不同的命運，中國正陷入文化大革命時代，為了鏟除迷信而摧毀神像，中國媽祖廟的神像也在期間幾乎銷毀殆盡。於是，媽祖信仰便在臺灣落地生根，當時北港朝天宮取而代之，成為臺灣媽祖祖廟，以及全球媽祖分靈中心。

一直到西元一九八七年解除戒嚴，恰逢媽祖成道千年，臺灣進香地點才開始有了福建湄洲媽祖廟，並從湄洲分香回臺。在文革時代，受到破壞的湄洲媽祖祖廟、賢良港祖祠、泉州天后宮等，也在臺灣信眾資金捐助下得以重建恢復。一直到小三通，掀起「媽祖回娘家」（馬祖—馬尾）的活動熱潮，啟動了兩岸媽祖交流的新時代。

媽祖小名的在地化

我們常常聽到很多媽祖的名稱，難免會疑惑自己拜的究竟是哪一尊媽祖。其實，我們拜的都是同一尊媽祖，但會依著原始祖廟分靈取名，或進入某地區後在地化而取名，或者因環境區域、功能特性而給予不同的名稱。有些是依中國祖廟所在地取名，如：湄洲媽、溫陵媽（泉州媽）、烏石媽（漳州媽）等；有些是來到臺灣後而在地化，如：北港媽、大甲媽等；有些則是依功能取名，如：船頭媽、水郊媽等；有些依地理環境取名，如：港口媽、內山媽等。

依分靈的祖廟所在地取名

名稱	地區
湄洲媽	位於中國福建省莆田市湄洲島，最原始祖廟。
溫陵媽（泉州媽）	溫陵媽就是泉州媽，溫陵為福建泉州的別稱。
銀同媽	同安縣別稱，約現今金門縣、廈門市、龍海市一帶。
清溪媽	福建安溪縣，古稱清溪。
烏石媽（漳州媽）	福建漳浦縣，稱烏石媽或漳州媽。

汀州媽	福建長汀縣。
興化媽	福建興化縣。

來臺灣之後在地化的取名

名稱	臺灣媽祖廟
北港媽	雲林縣北港鎮的媽祖廟。
新港媽	嘉義縣新港鄉奉天宮。
大甲媽	臺中市大甲區的大甲鎮瀾宮。

依媽祖的功能或特性取名

名稱	緣由
港口媽	由於媽祖信仰始於濱海港口地區，而有此稱。
內山媽	媽祖信仰進入內山之後，有「山中媽祖廟」之稱，有些面向山下，有疏濬山洪的護佑意義。

船頭媽	移民遷臺渡海過程中，為求航行平安，於是在船頭上供奉媽祖。
水（油）郊媽	水（油）郊媽又稱「香擔媽」，因進香時，多由香擔媽鎮守在香擔頂，故有此稱。
糖郊媽	清朝商行組織公會稱為「郊」，為經營糖業者所供奉。
貢寮反核媽	因臺灣新北貢寮的反核運動，將媽祖抬出來遊行。

顯靈——從「出海媽祖」轉型成「全能女神」？

現在臺灣的媽祖信仰，已發展出許多臺灣本土的特色。最初媽祖在福建原是「出海媽祖」，隨著移民來臺灣時則成了「渡海媽祖」，待移民在臺灣落地生根後又轉成「農業媽祖」，後來，媽祖在平亂、防盜、治病、除瘟、救災等方面都有神蹟，慢慢地成為無所不在、無所不管的全能之神！

媽祖在臺灣這幾百年的歲月裡，雖然經過幾次「被轉型」，導致如今我們眼中的祂，已不再僅止於「東方海神」，但臺灣海島型的地理環境，的確是讓媽祖在我們的民間信仰中落地生根、一直具有重要地位的主因之一。然而，一個神祇的香火之所以能如此綿延不斷，當然不會只有史地、文化和政治方面的原因，另一個極為重要的因素，自然是其——

神蹟和顯靈。

教科書也看得到媽祖

媽祖長久以來受到人們的親愛，不僅表現在媽祖一年到頭的各式各樣活動、政治人物每逢選舉都要親自拜訪、老百姓什麼事都可以去拜託媽祖等方面上，就連小學生的教材也能看出媽祖信仰在臺灣的重要地位。在一九九〇年代，國立編譯館編印的小學國語課本就有介紹媽祖的故事，一直到近代，國小國語課本、社會課本、鄉土教材，也都有提及媽祖出巡與徒步進香。

黑水溝上的守護

媽祖信仰對臺灣人的重要性，最早來自護佑先民渡過「黑水溝」（臺灣海峽）的船仔媽及媽祖分靈，「臺灣恰似鬼門關，千個人去無人轉」、「十去，六死，三留，一回頭」等古諺語，都是用來形容臺灣移民橫越海峽的艱難。

為什麼黑水溝如此險惡，閩粵沿海一帶的人民仍然前仆後繼的移入臺灣？唐山過臺灣是一段又一段漫長的歷史，也有著種種經濟、政治等複雜的因素，但總歸來說，都是為了求得更多生存與發展的機會。

臺灣早期交通以海運為主，倚賴船隻運送，往來臺灣海峽，氣候多變，海上航行險惡，因此，船商常在船上供奉媽祖神像，祈求航行平安，也就是所謂的「船仔媽」。先民平安抵達臺灣之後，感謝媽祖保庇，對媽祖的信仰也特別虔誠。早期臺灣媽祖廟也多建在港口，沿襲至今，臺灣島嶼環境的特殊性，使得媽祖信仰屹立不搖。

其實，人生海海（臺語）、人生苦海，媽祖發願救度船人平安到岸，不也是願度苦海的一切眾生到達彼岸？

徒手接炸彈

日治時期的臺灣，經歷了二次世界大戰。美軍展開大空襲，地方人民不但要進入防空洞避難，即使逃過一劫，出來之後所面對的，常常是滿目瘡痍，甚至傷亡慘重的鄰居或親友，周而復始，形成極大的恐懼與壓力。

就在子民的祈求聲中，媽祖成為救苦救民的精神託付，這次祂的任務是為老百姓擋住炸彈——全臺從南到北的媽祖廟，頻傳有關媽祖接炸彈的事蹟，用手接炸彈，用衣裙擋住砲彈……彰化埤頭鄉合興宮供奉的媽祖，就被當地村民稱呼為「炸彈媽」（見243頁）。

據說，當那一枚五百磅炸彈從天空墜落之際，突然出現一位身著紅衣衫的女子，把炸彈接了下來，炸彈因而沒有爆炸。事後，村民發現合興宮媽祖金身的右手食指斷裂，左腳鞋子掉落。不過，這顆未爆彈的餘威仍造成鐵路彎曲，地上凹下一坑大洞。後來，未爆彈在合興宮附近被挖了出來，經鑑定無危險顧慮之後，安置在合興宮廟內，成了鎮廟之寶，亦成為史蹟資產，從此，「炸彈媽」顯靈事蹟在民間流傳。

類似的故事也發生在屏東萬丹的萬惠宮（見239頁），宮前還有一座「媽祖接炸彈」紀念雕像，碑記內容記載，媽祖顯靈接炸彈的事蹟：

「……第二次世界大戰爆發，期間盟軍飛機不斷來萬丹空襲轟炸。在二月二十日（農曆正月初八日）星期二上午十一時左右，投下此枚重達五百公斤威力強猛的炸彈，落於人口稠密萬惠宮旁，直衝破十一層屋壁，在李同益先生族親粗糠間內豎立著。全端賴媽祖顯靈，拿著炸彈並且止爆，否則後果不堪設想。神像的雙手斷指無法黏接，德高望重老一輩的親眼目睹都是明證。為此特立精神堡壘以資紀念。」

媽祖接炸彈的故事遍地流傳，令人稱奇，特別是媽祖為了抵擋炸彈而食指斷裂，如同是母親為了保護孩子所做的犧牲，天上的母親與人間的媽媽其實都是一樣的，這是一種慈悲心，與自然流露的愛。

慈悲心的修持，常常在自我犧牲中成就了內在心地的莊嚴，而人們總是把自己內在的祈求，投射到媽祖的護佑，從守護航海人的媽祖到接炸彈的媽祖，媽祖在臺灣人心中成了護臺國母，其地位已無可撼動。

媽祖分海

《出埃及記》有摩西分紅海，萬能的媽祖婆也能開溪水讓香客過河。早期西螺大橋尚未開通，北部南下進香的信徒通常得徒步穿越濁水溪，尤其是當山區發生豪雨時，水流會變得非常湍急，難以橫渡。一次進香途中，當媽祖神轎衝入溪水，河流開出一條路，讓香客們通過，一直到所有人過河之後，河流又重新恢復。

許多廟宇都流傳著媽祖能開河的傳說，深信媽祖可以帶他們過溪河，也堅信媽祖的一路平安保佑，象徵著信眾對媽祖完全的交付，所以能有渡河的勇氣。信徒對媽祖信仰的力量，來自內心的堅定，即使面對任何困難，都毫無畏懼。因為深信不疑、全然託付，所以能勇往直前，渡過重重的難關。這是自己的意志，也是媽祖的護佑，所謂自助而後天助。

援救中部大地震

西元一九三五年，臺灣中部發生了一場大地震，傷亡人數高達一萬多人，房屋損毀近三萬戶之多，滿目瘡痍、慘不忍睹。傳說，由於有媽祖阻擋地震之故，媽祖廟附近一帶損毀較輕；進香的信眾，本人與家屬都倖免於難；甚至連廟前的戲班人員都躲過一劫，媽祖顯靈種種神蹟流傳不絕。

療癒系媽祖

每年一度的媽祖遶境、進香，參與人數逐年增加，統計已破百萬人次。對信眾來說，這是一種信仰的虔誠追隨，可能是為了許願，也可能是為了還願，或是為朝聖的心情而來；而對很多來臺體驗的國外人士來說，這也是體驗臺灣在地人情、信仰文化的最佳時刻，他們一路踏上了「臺灣最美麗的風景」，在充滿人情味的臺灣，大街小巷每個人都成了熱情的啦啦隊，沿途可能有民眾奉獻的點心飲料，或捐助的沐浴車、或提供給香客休息的地方，大家都希望能幫助每一個進香者繼續走下去，就這樣，在人與人之間的鼓舞與情感交流中，彼此都獲得了互相支持的力量。

◆**臺灣新世代「療癒媽」**：什麼是臺灣新世代年輕人的「療癒媽」呢？在臺灣新世代風行的Q版、卡哇伊的神明文創中，出現了許多可愛的Q版媽祖，各大宮廟也都競相推出，有些年輕人會把媽祖公仔帶著，對著媽祖講心事，這種內在的心靈互動方式，有別於傳統儀式開光或分靈的神像，透過漫畫Q版媽祖與新世代年輕人及兒童拉近了距離，使Q版療癒系媽祖漸漸成為臺灣新世代年輕人媽祖信仰方式與特色。

◆**全臺唯一媽祖意象火車站——白沙屯火車站**：苗栗白沙屯火車站為媽祖信眾往來拱天宮的交通樞紐，二〇二一年十月五日舉行揭幕啟用典禮，在火車站出口，有大型媽祖婆的九珠垂簾意象，在側面及月臺內，則陳設著Q版媽祖、千里眼和順風耳的公仔，新世代的卡哇伊造型，從手上的Q版公仔到公共意象裝置藝術，成為海線新地標、拍照打卡的最夯新景點。從精神指標到具體的車站造型標示，由此可以看出，媽祖已經成為臺灣人心中的依託（從白沙屯火車站走到第一個小路口的郵局，可以看到拱天宮指示牌，順著指示走，便可以到達白沙屯拱天宮）。

◆**二〇二〇年《媽祖巡福》的動畫短片：**二〇二〇年，因新冠肺炎疫情的關係，媽祖遶境進香活動暫緩，但一部短短六十秒的《媽祖巡福》動畫短片問世，透過網路分享帶來了希望與祝福，療癒了無數人在隔離期間的沉悶；媽祖巡境祈福也進入網路世界，超越了時空限制。此片還獲得美國紐約電影金像獎《最佳動畫》、美國洛杉磯電影金像獎《最佳動畫》、《最佳微電影》等五座金獎。

◆**慈悲列車環島除災祈福之旅：**二〇二一年十一月，北港朝天宮展開為期十七天的慈悲列車環島除災祈福之旅，媽祖神尊搭乘火車遶境，不只為眾生祈福，也為事故、火災亡者祝禱，這是首創的臺灣鐵路祈安先例，不僅有專用車廂，鐵路局還印製了可供典藏的祈福車票，可見媽祖信仰是對現世生者的祈福，也能對亡者超度，這也是一種有形界與無形界共同療癒的心靈列車。

◆**二〇〇七年電影《練習曲》的拍攝，媽祖進香畫面入境：**二〇〇七年電影《練習曲》曾經轟動一時，其中便出現媽祖進香途中，為患者祈福的感人故事與畫面，這也勾起許多人過往的回憶，娓娓道出早期臺灣媽祖信仰在臺灣人心中的印象。

媽祖在臺灣，除了宗教信仰，更象徵著海島國家冒險的開拓精神、濃厚的在地人情味，各種儀式或活動，不僅僅是神與人之間的護佑關係，更是人與人之間情感的流動，讓彼此在真誠、熱情、付出、純樸、合作互助中互動，臺灣媽祖信仰就在無私奉獻與感動、感恩中療癒了人心。

官銜——褒封最多封號的女神，最長高達六十二個字？

在道教信仰當中，神明取得封號的重要途徑之一，就是朝廷的敕封，許多神明——包括媽祖在內——其實都領有正式的官銜，而媽祖的位階也在歷代皇帝的不斷褒封之下，一路從「夫人」升等到「天后」之尊，最後祂的完整官銜竟然長達六十二個字！

雖然媽祖信仰混雜了多種宗教元素，但基本上仍被認定為道教體系。朝廷本來無權管神明的世界，不過中國皇帝自稱「天子」，是上天之子，是紫微大帝轉世臨凡，所以管管神仙之事，也就不怎麼奇怪了。

朝廷封神，皇權神授，加重神仙在人間的社會地位，當然是因為政治上的需求，然而不可諱言的是，這的確使得那些受封的神明流傳得更廣，而受到眾帝王們青睞的神明當中，媽祖絕對是名列前茅的。

宋朝的媽祖已有萬能之神的特徵

據《天妃顯聖錄》的記載，皇帝對媽祖名號的冊封始於宋高宗，紹興二十五年（一一五五年）封媽祖為「崇福夫人」；紹興二十六年（一一五六年）又封媽祖為「靈惠夫人」；之後再封「靈惠昭應夫人」。一直到宋光宗紹熙三年（一一九二年），因解除旱災，封媽祖為「靈惠妃」，媽祖由「夫人」晉升到「妃」的地位。從此，歷代皇帝對媽祖的冊封，樂此不疲。

宋朝媽祖受到冊封的原因，多以顯靈事蹟為主，除了海上遭遇危難的護佑，宋孝宗、宋寧宗、宋理宗等年間，冊封原因還包括對疫情的解救、解除旱災、阻擋潮水湧入、鎮壓邊境外患、助滅海寇等。從宋朝冊封緣由來看，其實媽祖已經不單純是海上之神了。

元朝晉升為「天妃」

進入元朝後，元世祖忽必烈已經開始重視東南沿海一帶的海運，也仰賴大運河輸送江南一帶的糧食進入北方，海運、漕運的船工經常會向媽祖祈求平安，到世祖至元十八年（一二八一年），就以媽祖「保護海道，舟師漕運」有功加封媽祖為「護國明著天妃」，媽祖也正式提升到「天妃」的神格。隨後，加的名號還有「顯佑」、「輔聖庇民」、「廣濟」等。

明朝護海運有功再封

明太祖朱元璋開國時，雖以玄天上帝為輔國守護之神，卻也在洪武五年（一三七二年）因媽祖護國庇民、禦災捍患，敕封媽祖為「昭孝純正孚濟感應聖妃」。

隨著航運的發展，鄭和下西洋時期，媽祖多次護海運有功，屢次顯現神蹟，永樂七年（一四〇九年），因庇護鄭和下西洋返航，明成祖封媽祖為「護國庇民妙靈昭應弘仁普濟天妃」，可以看出明朝對海運發展的重視，此時，媽祖信仰也開始傳往海外。

清朝晉升為「天后」之尊

清朝後，媽祖的神格從「天妃」再晉升為「天后」，在康熙年間即冊封媽祖為天后，但另有一說為清乾隆年間才正式確認天后。

清朝時期的冊封與政權穩定有關，媽祖多因協助平定、征戰之功受封，受封最長的名稱高達六十二字——至咸豐七年（一八五七年）封媽祖為「護國庇民、妙靈昭應、宏仁普濟、福佑群生、誠感咸孚、顯神贊順、垂慈篤祜、安瀾利運、澤覃海宇、恬波宣惠、導流衍慶、靖洋錫祉、恩周德溥、衛漕保泰、振武綏疆」天后之神，為六十字；同治十一年（一八七二年）封媽祖為「護國庇民、妙靈昭應、宏仁普濟、福佑群生、誠感咸孚、顯神贊順、垂慈篤祜、安瀾利運、澤覃海宇、恬波宣惠、導流衍慶、靖洋錫祉、恩周德溥、衛漕保泰、振武綏疆、嘉佑」天后，為六十二字！

此外，康熙年間，媽祖被列入國家祀典，地方官員奉旨春秋二祭，行三跪九叩禮，地位等齊孔子、關帝，被視為「女聖人」。加上東南沿海一帶移民海外，海上航運往來頻繁，商船祈求媽祖庇佑，也再次推升了媽祖信仰的影響力。

朝代	時間	皇帝	封號	備註
宋朝	紹興二十五年	宋高宗	崇福夫人	
	紹興二十六年	宋高宗	靈惠夫人	
	紹興三十年	宋高宗	靈惠昭應夫人	另有文獻寫紹興二十七年
	乾道二年	宋孝宗	靈惠昭應崇福夫人	
	淳熙十二年	宋孝宗	靈慈昭應崇福善利夫人	
	紹熙三年	宋光宗	靈惠妃	另有文獻寫紹熙元年
	慶元四年	宋寧宗	靈惠助順妃	

宋朝	嘉定元年	宋寧宗	靈惠助順顯衛妃	
	嘉定十年	宋寧宗	靈惠助順顯衛英烈妃	
	嘉熙三年	宋理宗	靈惠助順嘉應英烈妃	
	寶祐二年	宋理宗	靈惠助順嘉應英烈協正妃	
	寶祐四年	宋理宗	靈惠協正嘉應慈濟妃	
	景定三年	宋理宗	靈惠顯濟嘉應善慶妃	另有文獻寫寶祐四年
元朝	至元十八年	元世祖	護國明著天妃	
	至元二十六年	元世祖	護國顯佑明著天妃	
	大德三年	元成宗	護國庇民明著天妃	
	大德三年	元成宗	輔聖庇民明著天妃	
	延祐元年	元仁宗	護國庇民廣濟明著天妃	
	天曆二年	元文宗	護國庇民廣濟福惠明著天妃	
	至正十四年	元順帝	輔國護聖庇民廣濟福惠明著天妃	

明朝	洪武五年	明太祖	昭孝純正孚濟感應聖妃	
	永樂七年	明成祖	護國庇民妙靈昭應弘仁普濟天妃	
清朝	康熙十九年	清聖祖	護國庇民妙靈昭應弘仁普濟天妃	
	康熙二十三年	清聖祖	護國庇民妙靈昭應仁慈天后	有文獻指出到乾隆才升為「天后」
	乾隆二年	清高宗	護國庇民妙靈昭應宏仁普濟福佑群生天后	
	乾隆二十二年	清高宗	護國庇民妙靈昭應宏仁普濟福佑群生誠感咸孚天后	
	乾隆五十三年	清高宗	護國庇民妙靈昭應宏仁普濟福佑群生誠感咸孚顯神贊順天后	
	嘉慶五年	清仁宗	護國庇民妙靈昭應宏仁普濟福佑群生誠感咸孚顯神贊順垂慈篤祜天后	
	道光六年	清宣宗	護國庇民妙靈昭應宏仁普濟福佑群生誠感咸孚顯神贊順垂慈篤祜安瀾利運天后	
	道光十九年	清宣宗	護國庇民妙靈昭應宏仁普濟福佑群生誠感咸孚顯神贊順垂慈篤祜安瀾利運澤覃海宇天后	
	道光二十八年	清宣宗	護國庇民妙靈昭應宏仁普濟福佑群生誠感咸孚顯神贊順垂慈篤祜安瀾利運澤覃海宇恬波宣惠天后	

清朝

咸豐二年	清文宗	護國庇民妙靈昭應宏仁普濟福佑群生誠感咸孚顯神贊順垂慈篤祜安瀾利運澤覃海宇恬波宣惠導流衍慶天后	
咸豐三年	清文宗	護國庇民妙靈昭應宏仁普濟福佑群生誠感咸孚顯神贊順垂慈篤祜安瀾利運澤覃海宇恬波宣惠導流衍慶靖洋錫祉天后	
咸豐五年	清文宗	護國庇民妙靈昭應宏仁普濟福佑群生誠感咸孚顯神贊順垂慈篤祜安瀾利運澤覃海宇恬波宣惠導流衍慶靖洋錫祉恩周德溥天后	
咸豐五年	清文宗	護國庇民妙靈昭應宏仁普濟福佑群生誠感咸孚顯神贊順垂慈篤祜安瀾利運澤覃海宇恬波宣惠導流衍慶靖洋錫祉恩周德溥衛漕保泰天后	
咸豐七年	清文宗	護國庇民妙靈昭應宏仁普濟福佑群生誠感咸孚顯神贊順垂慈篤祜安瀾利運澤覃海宇恬波宣惠導流衍慶靖洋錫祉恩周德溥衛漕保泰振武綏疆天后之神	
同治十一年	清穆宗	護國庇民妙靈昭應宏仁普濟福佑群生誠感咸孚顯神贊順垂慈篤祜安瀾利運澤覃海宇恬波宣惠導流衍慶靖洋錫祉恩周德溥衛漕保泰振武綏疆嘉佑天后	

全球粉絲應援團——不只是臺灣第一天后，也是世界級的女神！

媽祖信仰最初僅是福建的民間信仰，後來隨著航運往來和移民，開始遍及全球——我們可以說，有華人足跡的地方，就有媽祖的信仰。

歷經元、明、清等幾朝代的傳播，隨著航運交通的日益發展，以及華人移民海外，媽祖信仰隨著華人足跡遍及全球，而且早在西元二〇一三年時，媽祖文化就正式被聯合國教科文組織列入「人類非物質文化遺產」名錄之中。

東北亞地區

日本——神社裡有媽祖？

日本媽祖信仰自中日海上航運往來就已開始，據《明史・琉球傳》所載，於洪武年間，「閩人三十六姓」移入琉球時便傳入媽祖信仰。隨著航船商運路線，從九州地區的長崎發展到青森等地。長崎的福濟寺、興福寺、崇福寺，屬於古老佛教寺院建築，內設有媽祖堂（天后堂）供奉媽祖。許多是早期華人商船往來時所建，歷史久遠，有些寺院更是從媽祖堂發展而來，如福濟寺的肇始為福建省泉州僧人結庵而居，供奉媽祖。

1792 年《增補諸宗佛教圖繪》中的「船玉宮」，繪的便是媽祖。

不同於長崎華人多以中式習俗祭祀媽祖，日本人多以神道儀式拜祭媽祖，習慣稱媽祖為天妃或菩薩。媽祖信仰結合佛教一起傳入日本後，與在地神道融合，和海上守護神橘皇后合而為一，將橘皇后視為媽祖或兩尊合祀，成為具有在地特色的天妃宮或天妃神社，如弟橘媛神社、大間稲荷神社等，便以日本的神道儀式來舉行天妃祭。日本另一種媽祖信仰是船靈（船玉、船魂）信仰，為保佑船隻的神靈。船靈信仰無固定神尊，很多與海相關的神佛都被跟船靈拉上關係，媽祖即其中之一，尤其在十八世紀後半以後，許多船靈神的圖畫都仿似媽祖。

位於橫濱中華街的媽祖廟（天后宮），則由當地華僑集資修建，二〇〇六年落成，廟宇建築為閩臺的媽祖廟風格，號稱日本最大媽祖廟。

韓國——朝鮮使者拜媽祖

據北宋宣和五年（一一二三年）《聖墩祖廟重建順濟廟記》所載，使臣路允迪、閩浙商人都曾到過高麗。一直到明朝，朝鮮使臣出使中國極為頻繁，在《朝鮮王朝實錄》、《海路行使錄》等文獻都記載有媽祖信仰對朝鮮的影響力。高麗王朝末期，從海路來華或歸國的朝鮮使臣，留下不少對媽祖的詩詠文，抒發對媽祖的瞻仰，並祈願航海平安，例如吳天坡《泊廟島》：「船頭香火禮天妃。」由此可知，朝鮮使者船上普遍供奉媽祖來祈願平安。之後，媽祖信仰與韓國在地神明融合，從航海領域的神明發展為萬能之神。

目前，媽祖信仰為在地華僑保存延續，如韓國首爾居善堂、仁川義善堂、濟州島和古今島的媽祖神壇，以及釜山韓聖宮、仁川中華會館等處。

東南亞地區

越南——不只華人，越南商人也愛天后婆

越南人稱呼媽祖為天后婆（Bà Thiên Hậu），越南古稱「交趾」，宋朝前便與中國有商貿往來，為保佑航行平安，宋末沿海一帶便有了媽祖信仰，明代鄭和下西洋，越南占城更是鄭和首站必到之地。因此，從明朝到清朝，以及之後移民的華人，都建有「會館」來祭祀媽祖，會館也就成為天后

廟。其中，位於胡志明市越南堤岸的天后廟又稱「穗城會館」，為廣東移民籌建，約建於一七六〇年間，為西貢華人的信仰中心。此外，會安古城的福建會館、西貢廣肇會館、胡志明市霞漳會館與溫陵會館等，也都有供奉媽祖。

隨著媽祖信仰在越南的普及，不少越南人（特別是中部及南部的生意人）隨著華人祭拜媽祖，他們相信媽祖會保佑他們平安賺大錢。

馬來西亞——華僑的精神寄託

馬來西亞可以說是全球華人重要的僑居之地，閩粵大規模的華人移居高峰約在清末。馬來西亞的媽祖信仰，最初從暫時棲身之所的小木屋型態開始，信眾將媽祖供奉在小屋，視為精神寄託。之後，宮廟與會館結合，發展成「宮館合一」的會館天后宮，如吉隆坡天后宮（樂聖嶺天后宮，位於吉隆坡樂聖嶺，一九八七年建成）即為雪隆海南會館籌建，為當地的標誌性華人廟宇。其他還有檳城瓊州會館天后宮、麻六甲興安會館天后宮等。會館組織大都有多重的功能，包括結婚、慈善、辦學或資助教育，有些廟宇可安置先人牌位，為華僑重要的精神家園。

新加坡——鄉親聯誼靠媽祖

新加坡媽祖宮廟最早建立於清朝，較具規模的天福宮，興建於清道光二十年（一八四〇年），為新加坡地區最古老的廟宇，如今已為國家古蹟，光緒皇帝曾御賜「波靖南溟」匾。天福宮由福建移民所建，同時，也被當作華僑最初投靠親友的臨時接待處，年度的媽祖活動則為華僑提供了聯絡增進鄉誼的機會。此外，媽祖廟組織（會館）也發揮教育及慈善功能。

泰國——媽祖又稱「七聖媽」

在泰國，媽祖稱為「七聖媽」。之所以稱為「七聖媽」，是因為媽祖家中共有兄妹七人，媽祖最小，曼谷就有多間七聖媽廟。

媽祖信仰在泰國傳播的時間，大約是在清朝發生大規模的閩粵移民時期，根據《嘉慶重修一統志》所記載，此時已有媽祖廟的興建，經費多來自海外華僑。發展的緣由主要與物資航運有關，潮汕地區缺糧，商販運送米糧，而泰國木材價格低廉，許多華人前往造船，於是閩粵一帶船商或水手成了泰國華僑，又以潮州人居多。

位於泰國首都曼谷的四丕耶七聖媽廟（又名「七聖廟」），現存清咸豐元年（一八五一年）的「威靈顯赫」木匾，其他如新興宮、順福宮、拉廊天后廟、巴真潮木廟天后宮等歷史也相當悠久。約二十年前，泰國臺商（媽祖信徒聯誼會）也籌建媽祖廟，二〇〇六年以臺灣媽祖分靈駐駕，定名為「暹邏南瑤媽祖宮」，為泰國迎請的第一尊臺灣媽祖，至今也不只一次回臺謁祖進香，最近的一次在二〇二三年。

港澳地區

香港——從沿海移至內陸

香港人也拜媽祖，但大都稱媽祖為「亞媽」、「娘媽」、「媽娘」或「天后媽」等。昔日港灣居民捕魚為生，有不少地方供奉天后神像和廟宇，主要是因航海和貿易祈求保平安。天后廟原本都建在沿海，後來因為歷年來填海工程，而移往內陸位置。

香港的佛堂門天后古廟創建於南宋，位於新界西貢區清水灣半島以南的大廟灣，為廣東沿岸最古老的天后廟，獲評定為香港一級歷史建築古蹟，歷史久遠。

香港淺水灣的鎮海樓公園則設有兩座高十多公尺的媽祖像及觀音像並列，為當地景觀標誌。

澳門——媽祖閣被列為世界文化遺產

媽祖閣是澳門最古老的媽祖廟（Templo de A-Má），俗稱媽閣廟，位於澳門半島西南方媽閣山山腰，為澳門標誌建築之一，有「媽閣紫煙」之雅號。創建原因與媽祖顯靈護佑漁民、商船有關，被澳門人尊稱為「阿媽」。據早期的葡萄牙文文獻，葡萄牙人抵達澳門時便已有媽祖閣（於一五五三年至一五五七年間），可見其歷史之悠久，被列為世界文化遺產。

建立在澳門路環島疊石塘山頂的媽祖文化村，則為澳門最大規模的天后宮。文化村中立有一座媽祖神像，建於一九九九年，高十九．九九公尺，為世界上最高的漢白玉媽祖雕像；天后宮則於二〇〇三年建成。

美加地區

位於美國舊金山中國城裡的最古老「天后古廟」，為早期廣東移民約於西元一八五二年所創立。廟宇所在的街道，又稱為天后廟街（Waverly Place），中文街名和英文街名不一樣，中文街名主要是強調天后廟就在這條街上。至今，天后廟不僅是華人的宗教聖地，也是舊金山唐人街的觀光聖地。

舊金山媽祖廟朝聖宮（Ma Tsu Temple of USA）則由旅美華僑創立於一九八六年，是來自臺灣北港朝天宮分靈的媽祖廟。二〇一五

十九世紀的媽閣廟，出自於英國建築師兼插畫家湯瑪斯．阿龍姆（Thomas Allom）的書。

年美國紐約媽祖大廈落成，為湄洲媽祖分靈。此外，檀香山、洛杉磯、夏威夷等華人地區也建有媽祖廟。加拿大也有自湄洲媽祖祖廟分靈而來的中華湄洲媽祖廟。

其他地區

南美洲（巴西聖保羅、阿根廷布宜諾斯艾利斯等地）、中美洲墨西哥、澳洲、西亞（沙烏地阿拉伯）、非洲（如南非開普敦）、歐洲（如法國巴黎真一堂）等都有供奉媽祖，世界五大洲，有華人足跡的地方，就有媽祖信仰。

北港朝天宮世界媽祖分靈會師

北港朝天宮分靈全世界二十餘個國家、地區，例如法國、美國舊金山、紐約、檀香山、巴西、澳洲、日本、南非、辛巴威、馬來西亞、越南、泰國，連沙烏地阿拉伯都有分香子廟（分靈廟宇），中國境內有十五座分香子廟，二〇一三年九月舉辦的「世界媽祖會北港活動」，以四千六百四十三尊神像同堂，成功締造新的金氏世界紀錄。

PART 2

人心內的媽祖

靈驗——拜媽祖要素食，胭脂水粉就免了？

祭祀媽祖在臺灣，既是盛會，也是日常。拜媽祖的方式和儀式與民間信仰其實差不多，但還是有一些需要注意的事項……

禮拜媽祖，與禮拜任何神明相同，第一件事就是要「至誠懇切、心誠意正」。

除此之外，《天上聖母經》還提到：「來祈禱，多敬禮；我命將，暗察窺，千里眼，順風耳，速查探，詳悉歸。為善事，我歡喜，為惡事，難保汝，

「來祈禱，多敬禮；我命將，暗察窺，千里眼，順風耳，速查探，詳悉歸。為善事，我歡喜，為惡事，難保汝……」

或現報，或延遲……」這意思是說：我們拜完媽祖，媽祖也會派千里眼與順風耳隨時鑒察我們的言行，所以祈願前後，行善去惡是很重要的一件事，如果為非作歹，媽祖也難保佑了！

那麼，萬一我們有了過錯，又該怎麼辦呢？

《天上聖母經》亦開示道：「速修善，改前非，福可得，禍可移。」內心馬上懺悔，修改言行，便能獲得媽祖庇佑！

第一次拜媽祖就上手

進入媽祖廟後，最好能禁語，放慢腳步，並感受廟宇環境的磁場氛圍，讓心慢慢沉澱下來，心安而有平安。

參拜禮儀

在禮儀部分，首先，要留意一下穿著的禮節，端正儀容，不披頭散髮、袒胸露背等等，維持基本的禮貌，參拜前記得要先洗手。在口的禮儀，就是不可隨地吐痰或抽菸、吐嚼檳榔汁等，以免造成環境污染，盡量保持口氣清新，並忌諱大聲喧嘩。最後，就是保持心念的純正，不要有害人或詛咒他人的惡念。

貢品要準備什麼呢？

祭拜媽祖以鮮花和水果為主，或是壽桃、發糕、紅龜粿、紅湯圓，象徵長壽的麵線、糖果等，供品應以素食為宜。媽祖信仰以供素齋為原則，主要是因為佛教與道教向來強調持素齋、不殺生，《太上老君戒經》便反對「殺害眾生，利養身口」，並設十齋日、八節齋、初一十五齋等。參加媽祖遶境或進香期間，也必須持齋素。所以，拜媽祖的供品，並不適用牲禮祭祀。牲禮原自古代君王祭典，但遭逢天災時則會停止，以呼應「上天的好生之德」的意思——到梁武帝時則全面禁止宗廟牲禮祭祀。

民間有時會祭拜盒裝化妝品跟保養品，這是因為有些媽祖廟設有梳妝樓，信徒想讓媽祖梳妝打扮的意思，不過，這樣的情形在拜其他女神如七娘媽、九天玄女、城隍夫人等更常見，拜媽祖就較為少見一些，有可能是因為對臺灣人而言，媽祖是天上聖母、救苦救難的神尊，而非二十八、九歲的年輕女神。

拜拜該選什麼水果呢？

在老一代的傳統觀念中，拜拜一般常會選擇蘋果、鳳梨、香蕉、橘子、柚子等水果，這主要是取其諧音：「蘋果」代表「平平安安」；「鳳梨」代表「好運旺旺來」；「香蕉」臺語諧音有「招」的意思，招財、招好運；「橘子」祈求「大吉大利」；柚子可以「保佑平安」。

比較不喜歡拜的是芭樂和番茄，認為芭樂、番茄是由糞便排出來的種子生長出來，對神明非常不敬，此外，芭樂諧音「芭樂票」，有空頭支票、希望落空的象徵；「釋迦」則因形狀外觀酷似釋迦牟尼佛的頭頂，被認為不恭敬；「葡萄」諧音好運「逃（萄）跑」。

「香蕉」和「鳳梨」也因為諧音「招」、「旺」而多用來拜神明，但忌諱在中元普度、祭祀祖先或在喪禮中供奉。

紙錢的部分，一般會使用四色金（壽金、刈金、福金、大百壽金）。拜供品、焚香、燒金紙等，雖是我們自古以來祭神、祭祖的禮儀，不過近來因為環保意識提升，不少宮廟已經減香、減爐或由廟方統一處理，甚至不再燒金紙，大家不妨多行善布施，多積陰德財，更符合媽祖的期待。

進廟參拜的順序

一般出入宮廟，有個古老的習俗就是「入龍門、出虎口」，有「入吉出凶」、好運來壞運走、保平安的寓意。那麼，龍門、虎口要怎麼看呢？這是從神明的角度來看，也就是說從廟裡向外看，是左進右出，左青龍、右白虎，如果是從信眾進入廟宇的方向來看，則是右進左出。

另外，進廟門要特別注意的禁忌有：

女性月經期、懷孕及喪服期間可以進媽祖廟禮拜嗎？

古老的傳統禁忌說法中，認為女性生理期期間、產婦都不宜入廟堂禮拜。這些禁忌可能來自民間的「血盆」觀念或儀軌（古代將女性經血視為污穢，並與罪孽做連結，而有「打血盆」儀式）；另一種說法則是宮廟除了神明，也有陰靈鬼祟在等待超拔，女子經期、產期身體較弱，易遭到陰靈侵襲。

佛教印光大師則反對這種觀念，他在《一函遍復》提到：「**有謂當月經時，不可禮拜持誦，此語不通情理……今謂當月經時，可少禮拜，宜少禮，不是絕不作禮也。唸佛誦經，均當照常。宜常換洗穢布。若手觸穢布，當即洗淨。切勿以觸穢之手，翻經、及焚香也。**」有些地方宮廟也認為，時代已經改變，婦女在月經期間進入廟宇，只要先用淨符水淨身，默唸「**前三後四，一二三四，平安嘸代誌，好運來壞運去**」，就可進入廟宇了。

至於懷孕的婦女，許多信徒也會向媽祖求子，而且許多媽祖廟裡也有供奉註生娘娘，因此，孕婦在生產前到廟裡祈求平安，是很正常的事。

那麼，喪服期間是否能進媽祖廟拜拜呢？

針對這個問題，各宮廟的說法不太一致，有些宮廟認為不宜，需四十九日或百日之後才能進入，但有些並沒有這些限制。一般在佛教寺院，喪服期間是可以進出，也會舉行超度亡人的法會與牌位。

一、廟宇中央的「中門」不能進出；二、門檻不能踩踏。中門是神明出入的地方，一般人不可以隨意進出。入門經過門檻（臺語稱「戶碇」）時，基本上仍遵照古代禮儀——進出別人家門檻時彎腰、跨過去，表示鞠躬禮貌的拜訪——不踩踏，這是對神明的禮敬；有些宮廟體諒長者和孕婦，會把木門檻拿掉，方便進出。

一般進入宮廟參拜順序，會先拜廟外天公爐；面朝天空拜天公，尊照古禮敬天法祖。之後，再進入主殿。

廟宇的神明有尊卑之分，通常以位階最高的開始參拜，先拜主龕主祀神明，依序向左龕，再向右龕參拜。有些媽祖廟會有參拜順序導引圖示，可留意廟方規劃的參拜導引。

官建天后宮的官拜儀式

天后宮的春秋祭典在進行官拜儀式時會先依序鳴炮、鳴鐘九響、擂鼓三通，向天上聖母上香，主事者及全體祭祀人員行三鞠躬或行跪拜之禮（三跪九叩），祈求天上聖母保佑風調雨順、國泰民安；接著，進行初獻禮、亞獻禮、終獻禮，之後，完成分香、上香、集香、獻爵、獻帛、獻果等種種儀式，最後恭讀祝文，恭化財帛，主要祭典內容與祭孔大典類似，歷時約一小時圓滿，其餘則是活動表演。

吉凶——媽祖六十甲子籤詩，不只媽祖廟用？

在道教信仰中，籤詩被當成一種神意，而求籤也成為民間信仰中極為普遍的占驗術。籤詩總數為六十首的幾種籤詩當中，最通用的就是媽祖六十甲子靈籤，這組六十甲子籤不僅常見於媽祖廟，奉祀玉皇大帝的天公廟也大都採用這一組籤詩……

臺灣的媽祖廟多以六十首甲子籤詩為主，代表「六十甲子」，同時配合《易經》的卦象或五行來解釋。

媽祖六十甲子籤的使用非常普遍（天公廟也多半使用同樣一組籤詩），約有二、三百年歷史，大多數用此組籤詩的宮廟，都會再添加籤首（又稱籤

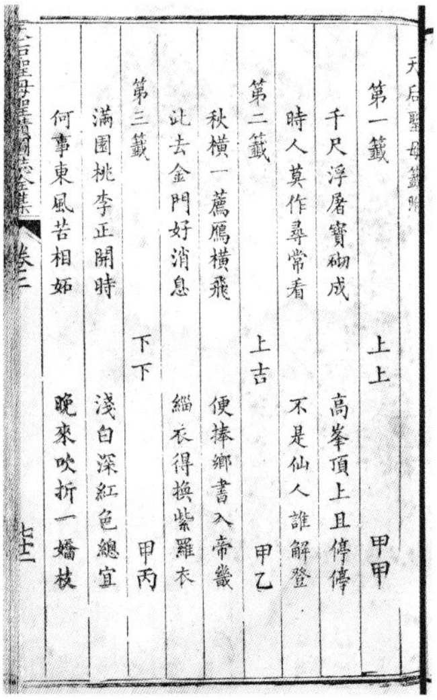
天后聖母籤

第一籤　上上　甲甲
千尺浮屠實砌成　高峯頂上且停停
時人莫作尋常看　不是仙人誰解登

第二籤　上吉　甲乙
秋横一薦鴈横飛　便捧鄉書入帝畿
此去金門好消息　緇衣得換紫羅衣

第三籤　下下　甲丙
滿園桃李正開時　淺白深紅色總宜
何事東風苦相妒　晚來吹折一嬌枝

《天后聖母聖蹟圖志》中的天后聖母籤是一百籤詩，但目前臺灣廟宇已甚少使用。

王、頭籤或籤頭）等，組成六十一首籤詩。當然，還是有採用一百籤詩，如澎湖天后宮、臺南祀典大天后宮、鹿港天后宮、臺北關渡宮（非《天后聖母聖蹟圖志》的百首籤）。

媽祖六十甲子籤詩的內容究竟來自何人或何處，目前尚無明確的考據證據，只能大致推測是透過扶鸞或擲筊等方式，加上借用民間代代相傳的歷史典故或戲劇故事編輯而成。

至於求媽祖靈籤的步驟，各宮廟或神職人員的說法略有不同，但大體上，都要先向神明禮拜，通常是先拜完天公爐及各神明，最後向媽祖稟告諮詢之事：首先要報上自己的姓名、年齡、出生年月日（農曆為主）和目前居住地址，再仔細說明自己提問的事項。

抽籤之前，最好先擲筊請示神明是否允籤，得到聖筊（即一正一反）後才開始抽籤。這時從籤筒抽出一支籤號，並請示神明是否為此籤號，為求準確，通常要連續三個聖筊。

至於要如何解媽祖靈籤，一般先解讀籤詩詩文，依你所求之事（如事業、婚姻、運程、流年、工作、財運、遷移、病情等項目），在籤詩當中通常都有附註明確指示，告知每一項目的吉、凶、禍、福。此外，再配合籤詩中附加的「卦頭故事」，故事中的人物境遇常會透露出求籤者的情境，或是由故事內容來判斷事情，以作為抉擇的參考——卦頭故事是解籤很重要的參考依據。當然，如果你覺得自己解籤太籠統，或許可以諮詢信賴的專業解籤人員。

其實，媽祖籤詩並沒有所謂的好壞、吉凶之分，每一首籤詩，都有教導我們可以如何趨吉避凶的方法及建議。

請神——可以請媽祖回家拜嗎？

請神行為在民間信仰中很普遍，但請媽祖回家、回村莊拜的情形，在媽祖信仰中特別的常見。

在民間習俗中，私人迎請媽祖神像回家拜，通常是在「入厝」（搬遷新家）、娶新娘或作壽等大事的時候，甚至有些是為了治病、除妖、祭煞等。若是這種情況，信眾向廟方迎請媽祖到家中坐鎮，增福消災，時間大都是幾天。

另外，爐主、頭家也會每年度定期擲筊，以輪值的方式迎請媽祖回家供奉，供奉時間通常為一年。廟方會雕塑媽祖分身，信徒也會自組媽祖會，雕塑媽祖金身，所以，有大媽、二媽、三媽、四媽、五媽、六媽等分身，依其任務功能，賦予名稱編號（見190頁）。迎請媽祖回家拜，各地區宮廟也都會有一套儀軌，如年度爐主交接儀式。

除了比較個人性質的「請媽祖來作客」，當村莊內有祭典，或是某個宮廟作醮或遶境時，也會特別請媽祖一起來看祭典表演，或是共同巡視遶境，接受地方百姓的祭拜，例如北港朝天宮、彰化南瑤宮、北投關渡宮的媽祖，因為在當地信仰有一定的重要地位，常受邀「去作客」。當然，也有可能是請外地而非本地的媽祖，像是後文會提到的「東保十八莊迎媽祖」（見151頁）。

除了以上情況之外，臺灣有些家庭有在家安奉神明當「家神」（相對於公廟供奉神明而言）的信仰習俗，媽祖也是家神中常見的神明。

家神信仰

家神信仰最早可追溯至《周禮》，最初為房屋、建築之神，例如戶神、門神、灶神、土神、行神（路神），後也有私宅供奉神明，後者在臺灣之所以常見，有研究人員認為，其中一個原因與明清移民來臺有關。移民跨海來臺時「請」神明同行護佑，但來到臺灣後，要興建廟宇並非所有地區的人民都能負擔，當村莊還沒有自己的廟時，便只能先在家中設置一個區域來安奉神明，這可能也是神明廳同時拜神明和祖先的原因之一。

乾媽——成為媽祖的「契子女」後要注意些什麼？

早期醫療還不發達，民間遇到孩子「歹育飼」（不好養），例如易受到驚嚇而啼哭或體弱多病等，長輩多半會前往宮廟祈福，請求神明成為孩子的守護神，保佑孩子平平安安長大，媽祖因其「母親」的意象，認祂為義母的契子、義女的數量多，是許多信徒的神明媽媽。

請媽祖收孩子作「契子女」的舉辦時間，大部分會是在媽祖聖誕左右期間，首先要準備供禮到媽祖廟請示，稟報媽祖子女資料，說明要認媽祖為「乾媽」，再擲筊請求媽祖同意。經過媽祖同意後，廟方通常會賜予香火袋、平安符或其他信物，讓小孩能隨身帶在身上，廟方也會發壽桃、麵線、年糕或湯圓等。

契子女於媽祖聖誕、慶典都要回來祭拜，此外，每年應隨喜香油錢或祝壽費。每一年度契子女回宮，會換上紅紗線在香爐過火，也就是換「絭」（紅紗線），以祈求未來一年平安健康。

「換絭」的臺灣習俗，據《臺灣省通誌稿》載：「臺俗崇信神佛，以為子女成長有賴於註生娘娘、七娘媽、媽祖、觀音、床母之護佑，故奉之為呵護神。周晬，依各神誕辰，由父母抱之赴廟求神佑。以一紅絲繩或銀鎖，當神前懸兒頸上，以示受神之庇護者，是為『揹絭』，自後，每年循例敬神，並以新頸繩換舊頸繩，稱曰『換絭』。迨年十六，認其以達成年，仍依名護神誕辰。營父母攜兒赴廟謝神，去頸絭，稱曰『脫絭』。」

通常契子女到十六歲會有成年禮儀式，因為「做十六歲」為閩南習俗的成年禮，臺灣民間也有做十六歲的「脫絭」習俗，繼承泉州一帶的古禮，在孩子十六歲時擺設神案祭祀，感激神明護佑孩子長大成人。

有些宮廟還會舉辦媽祖契子女的祈福消災誦經法會（如松山慈祐宮），讓契子女報名參加。身為媽祖的契子女也應當多讀誦《天上聖母經》（見133頁）的內容，「孝父母，守倫規」，學習做人處事之道。

有「做十六歲」的媽祖廟——臺南安平開臺天后宮

臺南安平開臺天后宮廟內配祀七娘媽，有「做十六歲」成年禮的活動，臺南廟宇做十六歲襲承泉州習俗——成丁，於晉江、惠安、南安、安溪一帶皆有。當家中的小孩不好養時，父母或長輩便會詢問媽祖，是否願意收自己孩子為契子女，成了媽祖的契子女之後，一直到十六歲，廟方會再舉行「脫絭」儀式，也就是感謝媽祖的保佑，臺南安平開臺天后宮「做十六歲」成年禮也成了在地的風俗。

有時，廟方會舉辦一些感恩謝禮的活動，每年會有一個奉茶的過程，學子向雙親說出「我愛您、我會永遠孝順您」，有時雙方會擁抱在一起淚流滿面，相當感人，也透露父母親養兒育女的辛勞。而從《天上聖母經》經文來看，媽祖信仰的實踐，核心還是從人間的孝道開始，學習知恩感恩。

天上聖母經──如何修持媽祖的法門？

一般而言，宗教的修持會配合經文的讀誦，「經」代表著神明透過文字所傳達出的訊息，跟隨媽祖修行、遶境或進香時，也會誦讀經文。

媽祖信仰誦讀的經文，在中國，有根據《太上老君說天妃救苦靈驗經》編纂的《天后經懺》，在臺灣，民間後來也有自行編撰媽祖經書，主要有三個流傳版本：

◆賴玄海（日據時期明治年間人）所編《湄洲慈濟經》，採取觀音化身說：「其生也從觀音化身，立坤道之極則。」但內容兼融儒釋道三教。

◆李開章（日據時期大正年間苗栗人）所編，以三字經文體為主的《天上聖母經》，在初版的〈序文〉提及此經於道光年間，由邢州淨土寺所傳，又道媽祖為馬祖道一禪師所降生，是目前臺灣流通版本。經文融合了儒釋道三教的精神與思想，如經云：「三教書，共一理。」經文一開始，媽祖以「女聖人」地位與孔子、關公等齊，從「孝父母，守倫規」為基礎，以做人處事為根本，說明仁義道德的重要，並略述佛教與道教的修持法要。

◆北港朝天宮沙門傳妙所編撰的《天上聖母經》。北港朝天宮沙門傳妙述的《天上聖母經》，與佛經結構非常類似，有爐香讚、淨口業真言、淨身業真言、安土地真言、普供養真言等。

大致而言，媽祖信仰多元豐富，融合了儒家孝道倫理、佛教思想及道教修持等內容，將三教融合為一，修持或祈福者，可以誠心誦讀《天上聖母經》。

讀經的目的是透過文字去了解神明的教示，媽祖修道方式，是以孝道及仁義道德作為基礎，並在生活實踐，然後進一步持戒修善、修練身心、廣發慈悲、利樂群生。

媽祖信仰者的修練，就是心中常常保持善念，身常行善，所謂「人有善願，天必從之」。媽祖廣發十五大願，神明或佛菩薩在發願後，會依著善願力去修持，媽祖的願力是祂的護佑，也是祂內心世界的光明。

追隨媽祖還可以持誦其他經文？

媽祖信仰除了持誦《天上聖母經》，目前最普遍誦持的是《觀世音菩薩普門品》，兩部經文內容與願力非常相似，因此在法會中常常誦讀，在《觀世音菩薩普門品》提到：「**真觀清淨**

觀，廣大智慧觀，悲觀及慈觀，常願常瞻仰。」在經文內容中點出慈悲、清淨、智慧的心地法門。

一般媽祖遶境或進香時，除了唱誦疏文與《天上聖母經》，有些也會唱誦一些道教經典，如每月初一、十五日祈安消災拜斗法會誦《北斗經》等；有些法會則誦持佛教經典或禮拜《八十八佛洪名寶懺》等，或加入水陸法會儀軌，各地方媽祖廟因背景文化不同，會有各自組織的傳承。

回家——媽祖進香，是聯誼也是回娘家？

農曆三月廿三日為媽祖聖誕，臺灣人「三月瘋媽祖」，這個時期媽祖進香、遶境的活動特別熱鬧，亦可從此宗教盛事看出，媽祖在我們心中已不只是航海之神，更是臺灣人的守護神！雖然進香、遶境對我們來說是耳熟能詳的宗教活動，但是進香和遶境是不同的兩件事，我們先來認識一下什麼是「媽祖進香」……

在臺灣，神明遶境和進香是十分常見的宗教活動，信徒多半都是自發參與，其身分來自各個階層——不分男女老少、貧富貴賤，其動機則多半是為了還願、贖罪或祈求平安，透過跋涉來感謝神恩、祈福消災。

要特別注意的是，雖然神明在這兩個活動中都出了自家門，但是，進香和遶境在宗教信仰上有著全然不同的意義。

進香和謁祖

進香的原始意義，指信徒請自家媽祖一同前往祖廟或到遠處香火旺盛的寺廟進行朝聖的交流活動。在抵達朝聖對象的媽祖廟時，神像會進入廟中，放置於神殿上，用「交香」或「掬火」的方式取對方的香火。如白沙屯拱天宮媽祖前往北港進香，因為一路只有單純的「徒步進香」，沿途只是路過或停轎休息，所以僅稱為「進香」，參與者稱為「香丁腳」。

至於分靈宮廟的神明和信徒到祖廟進香，則稱「謁祖」，如湄洲媽祖分香的宮廟前往湄洲媽祖祖廟朝聖進香；在臺灣，北港朝天宮也是各地分靈進香的祖廟之一。

大甲媽祖回娘家

由於臺灣各地有許多媽祖都是北港朝天宮的分靈，因此每年媽祖誕辰前都會到北港進香。黃春明編導與攝影師張照堂掌鏡的《大甲媽祖回娘家》紀錄片，就記錄民國六十三年，萬人跟隨大甲媽祖，從臺中大甲步行到雲林北港的朝聖旅途。信眾以「回娘家」來形容，擔心大甲媽不捨得離開娘家，信徒會在廟外喊：「**婆啊！回家去了！**」

不過，因為分靈的爭議，臺中大甲媽祖後來轉往新港奉天宮進香（或會香），不再往北港進香了。

在中國，每年農曆正月到三月，各地信眾組團護送媽祖神像到湄洲祖廟進香時，進香團會先到賢良港天后祖祠駐駕一夜，這是因為媽祖的林氏宗祠在此，所以，祭祀媽祖的祖祠、聖父母，這也稱為「謁祖」，代表媽祖「回娘家」祖祠祭祀。

進香的歷史版本

媽祖進香或回娘家的歷史版本，或許可以從元朝的「天津娘娘會」窺探一二，「娘娘」就是指媽祖，因媽祖在天津稱「老娘娘」而得名。到了清朝稱「天津皇會」，「皇會」指祭祀天后娘娘誕辰日所舉行的慶典儀式，流傳至今並於二〇〇八年登錄中國的「國家級非物質文化遺產」。當時，娘娘會主要有進香、歸寧、送駕三個儀式流程。

◆**進香：**農曆三月二十三日媽祖聖誕，香客向媽祖燒香膜拜還願。進香結束後，緊接著就是媽祖歸寧儀式。

◆**歸寧：**送媽祖回娘家，但媽祖娘家在湄洲，所以大部分僅象徵性地護送媽祖回設在天津城北的閩粵會館。在娘家要住滿三天，才算圓滿。

◆**送駕：**第四天上午送媽祖回原廟。

隔天，信徒才渡海到湄洲媽祖廟進香，完成儀式後，又回賢良港駐駕，這期間賢良港天后祖祠設筵、點燈、結彩，熱鬧非凡，成為特殊的民俗景觀，此「謁祖」習俗歷史悠久，信徒除了前往湄洲媽祖祖廟進香，也會順道前往賢良港天后祖祠，祭祀媽祖祖祠。

白沙屯媽祖進香傳承徒步進香歷史

白沙屯舊名「白沙墩」，位於苗栗縣通霄鎮附近，依山傍海的村落，因東北季風帶來的風沙堆積成雪白的新月型沙丘而得名，為通霄最早的屯墾聚落。白沙墩居民向北港進香的習俗存在已久，迄今近兩百年歷史；在未建廟前，村民組團徒步至北港進香，香客帶著香旗及換洗衣物、糧食及雨傘，徒步跟隨媽祖前進，跋山涉水行於海岸與田間小道，旅途勞苦，但信仰堅定，成為白沙屯拱天宮傳承的精神與在地文化資產。

早年媽祖神像多輪值奉祀於爐主家中，沒有正式的禮拜殿堂，至清朝咸豐晚年，村民開始倡議集資創建，陳朝合家族後裔獻地，於同治二年（一八六三年），起初建築三十多坪的「土墩厝」，奉祀媽祖神像，即拱天宮前身，成為地方信仰中心。

之後，經過多次重建與改建，如今，拱天宮香火鼎盛，每年進香活動，遠近馳名，朝聖香客絡繹不絕。

白沙屯媽祖大事紀年

時間	重要大事
一八六三年（同治二年）	建拱天宮，為地方信仰中心。
一九三〇年（日治昭和五年）	風雨剝蝕結構，地方提議改以磚石修建。一九三〇年代末至一九四〇年代初期，受日本皇民化政策及世界大戰影響，僅斷斷續續展開進香活動，並沒有每年前往朝天宮；戰後至今每年前往北港進香。
一九三五年（日治昭和十年）	中部大地震，廟體受損，隔年再度籌資修建。
一九四七年（民國三十六年）	當時西螺大橋尚未建成，媽祖神助香燈腳在三條圳安全渡過濁水溪。時西螺境內正大鬧「黑珠」（天花）瘟疫，當地居民跪求媽祖婆至其庄內遊庄一周，之後庄內疫情便穩定下來。
一九七〇年（民國五十九年）	開始有機車加入進香行列，突破千人之規模，並投宿旅店（販仔間）。
一九七六年（民國六十五年）	一九七五年拱天宮開始改建，一九七六年完工，後又歷經多次擴建。
一九八一年（民國七〇年）	媽祖大轎過夜，駐蹕崙背奉天宮，為歷來的第一次駐宮，過去多停駕民宅過夜。
二〇〇三年（民國九十二年）	首次舉辦白沙屯文化藝術季，徒步進香人數超過二千人。
二〇〇八年（民國九十七年）	苗栗縣政府登錄為苗栗縣文化資產。
二〇一〇年（民國九十九年）	行政院文建會（文化部前身）指定為國家重要民俗無形文化資產。

二〇一三年（民國一〇二年）	入選內政部「臺灣宗教百景」。
二〇一八年（民國一〇七年）	蔡英文總統參與白沙屯媽祖進香活動，為史上首位現任總統身分，徒步四公里護駕抵達朝天宮。
二〇一九年（民國一〇八年）	蔡英文總統成為第一位走「香丁腳」總統，參程至白沙屯媽祖在北港溝皂里真武廟駐駕，隨香步行約六公里。當年創下七萬八千多人隨香的紀錄。

白沙屯每年徒步進香並沒有固定的路線規劃，全依著媽祖鑾轎指引，所以，白沙屯媽祖被譽為「最有個性媽祖」，轎頂覆蓋粉紅色薄帆布，由四人扛小轎，輕便靈巧，又能快速移動，有「粉紅超跑」之稱。

最大特色就是出發後，完全沒有人能知道會往哪裡走，隨時可能會轉彎或涉水渡溪，或是停駕民宅或商街、校園等，每年都讓人覺得沿途充滿挑戰與驚奇。

秋茂園換轎

每年白沙屯媽祖進香，隊伍上除了白沙屯媽祖，還有苗栗後龍山邊宮的山邊媽祖共同乘轎進香，在回宮前，會在通霄新埔秋茂園進行換轎儀式。秋茂園附近會擠滿當地宮廟信眾，於此守候，恭候媽祖。兩位媽祖到此分轎，各自回到庄頭巡視，接受信眾祭拜。

換轎過程還有「搶頭香」儀式，不過，白沙屯媽祖的頭香並不是用「搶」的，而是每年庄頭「輪流」，輪到的庄頭，可以在秋茂園優先到媽祖的鑾轎前跪拜，所以才稱為「頭香」，庄頭會向媽祖稟報，同時與來年負責的庄頭進行交接；待頭香儀式結束之後，由輪到的庄頭扛抬鑾轎，護衛媽祖回拱天宮。

白沙屯媽祖進香的年度進程

進程	內容
設案稟天	每年冬季（農曆十二月十三日）在廟前設案稟天三日，為來年的進香活動擇定日期。
擲筊看日	農曆十二月十五日，由值年爐主以擲筊方式（連續三聖筊），選定每個過程的詳細日期。
放頭旗、犒軍	出發前三天，信徒會帶著進香旗，前往拱天宮祭祀犒賞兵馬；或將自家的進香旗請出，設香案祭拜，慰勞媽祖兵馬，祈求進香一路平安。
登轎、出發	出發日，請出神龕，等待吉時登轎，山邊媽祖則在出發前會合。
集結	進香隊伍集結，一同向朝天宮前進。
抵達北港朝天宮	頭旗抵達朝天宮廟埕前，三進三退方式衝進北港朝天宮大殿安座。拜天公，香燈腳們盥洗更衣，休息片刻。

拜天公	廟方準備供品，於吉時向天公稟告，祈求風調雨調、國泰民安。
回宮 讀疏文、進火	由朝天宮住持法師主持並誦讀吉祥疏文，祈求聖母庇佑，誦讀香燈腳參與者，將疏文焚燒入香火，再以火勺掏引聖火到拱天宮火缸，貼上封條，由香擔人員護送回宮，媽祖登轎回白沙屯。
換八人大轎	三十六執士及各宮廟神轎、陣頭在秋茂園準備迎接媽祖回宮。報馬仔於轎前跪地稟告，各庄輪流值年方式，近距離跪地敬拜媽祖。二位媽祖換上八人大轎及四人小轎。
入廟、拜天公	媽祖入廟安座。媽祖進入殿內神龕，紅布幔放下，十二天後的開爐，才能展現聖容。由本年度輪值頭家爐主拜天公，接著擲筊遴選隔年新爐主。
遊庄、安五營	隔日二媽帶領各廟神轎，信眾揹著進香旗，走遍村庄，二媽回宮後，進行許平安、安五營、放兵等儀式。
開爐、收旗	第十二天吉時，拉起紅布幔，媽祖聖容再度展現。將朝天宮香火倒入大爐中，敬拜後，收入神房內。以湯圓參拜，收進香旗，圓滿落幕，等待來年。

「香丁腳」的傳承意義

「香丁腳」又稱「香燈腳」，香燈隱含著信仰薪火相傳，腳則是指媽祖跟隨者，同於「爐下善信」。臺灣自清代起，參與媽祖徒步進香的信眾，一般就普遍以「香燈腳」稱之，白沙屯延續了這個傳統，也採用這個名詞來稱呼。

自清代未建廟前，白沙屯一帶參與徒步進香的家庭，大多會派出家中魁梧健壯的男丁，所以，

媽祖鑾轎入廟「三進三退」

前往進香，最引人注目的是媽祖鑾轎抵達北港朝天宮前，準備入廟的「三進三退」儀式，也就是來回前進、後退三次的行轎模式，這是根據傳統古禮，為神靈之間的問安、行禮方式，在神明遶境出巡、進香等場合皆可看到此儀式。進香時，香燈腳會手拉手，形成人牆維護。

白沙屯媽祖徒步進香的信徒稱「香丁腳」，男丁們背著網袋裝著香旗、草鞋、乾糧、換洗衣物、紙傘與香燭紙箔等，夜間行進則攜帶燈籠，也是稱「香燈腳」的其中一個理由。

每年信眾跟隨媽祖神轎，徒步前往北港朝天宮進香，全程約四百公里，歷時約八、九天，無懼風雨，表示一心追隨媽祖進香的心意。全程徒步進香是白沙屯媽祖進香將近二百年來的傳承文化。廟方為了鼓勵信徒參與徒步進香，凡是完成來回全程或單程，廟方都會製贈錦旗給香丁腳，鼓勵追隨媽祖的精神與毅力。而對當地白沙屯年輕子弟來說，已成為一種成年禮的風俗。

徒步進香的路程，每年都不同，這是白沙屯媽祖進香活動最特別之處，它是由媽祖神轎以「踩轎」的方式來決定路線與停駕、駐駕地點，當遇到岔路，轎伕立即停下，靜心去感受媽祖指示的方向，一如探險般，全憑媽祖鑾轎指引前行，堪稱充滿驚奇的旅途。由於路線不固定，近期進香期間提供有科技GPS定位，讓信眾也可以透過手機APP即時掌握媽祖鑾轎的位置。而進香團在抵達朝天宮後，先拜天公，子時舉行刈火儀式；回駕安座後再開爐合火，表示此次活動圓滿。

為什麼白沙屯媽祖帶領信徒徒步進香的旅程，每年都不固定呢？這是對參與香丁腳的信徒很大的考驗。徒步進香就像是人生旅途，種種不可預期的風雨險阻，也是千變萬化，我們在面對各種挑戰與險阻時，需要堅定的毅力與意志，相信媽祖會一路相隨，陪伴著我們一起共同渡過各種難關，也許就是徒步進香的意義所在。

徒步行腳其實也是一種修練自我的方式，透過一步一步的自我沉澱，放空身心靈，與媽祖心意相連，深信媽祖的庇佑與陪伴，真心誠意，象徵在人生旅途中，不畏艱難的考驗。同時，也培養合群，學習齊心互助，學習人與人之間，如何彼此協助、感恩、惜福、謙卑、體貼、尊重等等。進香的旅程是身心體能的試煉，也是意志的焠鍊，同時也可以體驗一下，充滿人情味的臺灣風景。

進香前你一定要知道的禮儀規範

通常來說，參加長途的徒步進香必須事先報名，廟方一般會提供一份識別用的臂章及帽子，讓參與進香的信眾佩帶臂章，方便互相照顧與認識彼此，進香沿途要配合交通指揮，並留意周遭行路的安全。一般而言，進香團約可分為三個區段：最前面是頭旗與媽祖神轎，後面則緊隨徒步進香隊伍；隊伍後方為廟方車隊，最後是隨香的車隊。

如果你是第一次進香的新手，有一些禮儀與規範要特別注意。

一、**需先請示媽祖能否參加：**先執筊請示媽祖可否隨香，遵照執筊的旨意。

二、**茹素或早齋：**在進香前三天前就要開始食素齋，茹素修持不殺生的慈悲心，清淨身口意，不口出惡語、做不敬的事，禁止喝酒、賭博等。

三、**記得帶上「進香旗」：**「香旗」代表媽祖派遣護法隨身，也表示自己是隨香信眾，要十分恭敬。所以，進香旗不可以帶進廁所、浴室或不正當場所，插旗要插正，不可以顛倒插，也不能隨意放置，活動完後也要安置在神廳或清淨處。有些人的進香旗看起來很破舊，這就表示參加的資歷很深。

四、**不能隨意觸摸聖物或超越陣頭：**進香重要聖物包括媽祖鑾轎、香擔與頭旗等，是非常神聖的象徵，進香途中，不可觸摸，以表尊敬。行進間，先鋒陣頭有保護的作用，不能超越官將首（損將軍和增將軍）、執事隊等前方陣頭，避免「破陣」。

五、**「起馬」與「落（下）馬」禮儀：**所謂「起馬」，是指在每天啟程之前向媽祖禮香敬告，祈求媽祖保佑旅途平安。至於「落（下）馬」，為媽祖神轎駐駕停轎過夜時，等頭旗停駐之後，信徒到媽祖神轎前頂禮朝拜，向媽祖稟告自己已經平安到達，並且感謝媽祖一路庇護。這是每日必行的重要儀式。

六、**穿著：**準備一些新衣物，代表一個新開始。第一次參加進香參拜，沐浴後要換上新衣（含內衣褲），表示對媽祖與神明的敬意。

七、餐飲禮義：進香途中，信眾常會熱心準備各種餐點、飲品，免費提供進香信徒，一方面感恩媽祖，一方面是加油打氣。對各方奉獻的餐飲，要常存感恩，惜福惜緣。取用時不爭先搶食，更不能浪費或嫌棄，而糟蹋了福德。同時，為顧及公共衛生，應以公筷母匙取用飲食。使用後，要自行收拾餐具垃圾，不造成環境污染。

八、安全事項：當媽祖神轎在行轎時，神轎有時會有激烈的大動作，因此建議與神轎要保持距離，以策安全。除此之外，神轎途中停駕，短暫休息時間，也不能離群眾太遠，避免疲累昏過頭而落隊。隨時審查自己的體能狀況，如有身體不適，立即尋求協助，避免過度勉強行走，使體力透支而發生意外。

九、態度禮貌：無論是停駕歇息或駐駕投宿，當地熱心信眾會提供各種協助，言行舉止應謙恭有禮，注意規矩禮儀以及環境清潔，請珍惜資源，不浪費水電、不製造髒亂、避免過於吵雜而影響他人休眠。

十、車隊進香禮儀：開車隨香的車主，要在車上懸掛進香識別紅綵與黃色三角旗，遵循進香團交通組的指揮，車隊跟隨在廟方車隊後面，禁止插隊到神轎與徒步進香隊伍的區段，盡量將車往外側停靠。

十一、禁忌：國人重視孝道，遇有喪事，除了在家守孝，多不參與活動，有些廟方規定，家中有辦理喪事者，要避免參與進香。

香丁腳教戰守則

◆基本配備物品：進香旗、擦汗的濕毛巾、遮陽帽、水壺、水杯、環保餐具、睡袋或睡墊、拖鞋、新衣（含內衣褲）、盥洗用具、雨衣、衛生紙、藥品、防蚊液、防曬乳，以及手機充電器（手機有導航功能，避免電量不足）。

◆背包：建議一大包、一小包，大包放置衣物，小包隨身攜帶，放隨時需要的重要物品。

◆舒適的鞋子：由於長途跋涉，要穿厚襪子和合腳好走的厚底鞋子，最好是平常穿的，可加上一層鞋墊；如果要減少指頭之間相互磨擦起水泡，可考慮穿五指襪。

◆藥膏：腳部肌肉容易發炎，可以備消炎止痛藥膏，腳跟與腳底可貼膏布，以減少磨擦生熱，但不可貼辣椒膏，要每日更換。此外，也要攜帶意外跌傷可用的藥物。

◆衣著：要輕便好攜帶，可穿著排汗衣、多口袋的排汗褲或運動褲，想避免燒襠可穿絲襪或超薄貼身平口褲。因應天氣變化，除了短袖，還需要攜帶一件薄外套禦寒。

◆長途行走，休息時，可將雙腳舉高。

◆其他：

・飲食方面：可少量多餐，因為長途跋涉，不宜過飽，重點在水分的補充。

・住的方面：在進香行程中，必須要有隨遇而安的心理準備，有時可以住香客大樓，有時住在廟裡，有時借住民宅、學校，有時車宿，有時露宿，就像流浪的修行者，所以有些信徒還會自備帳篷。

- 洗澡方面：有行動洗澡車，洗澡地點也可能會在醫院、加油站、學校廁所等。
- 睡覺方面：因種種因素，睡眠時間不一定很足夠，有時要很早起，所以，可以把握途中的休息時間來補眠。

保境安民——媽祖遶境保平安，不論境內有沒有媽祖都能遶？

「遶境」又稱「出巡」或「巡境」，代表神明降臨人間巡境——此來自道教與佛教的經典，提到神明或四天王都會定期下凡，視察人們的善惡行為。

「遶境」指神明於每年度在轄區境內的巡視，這就如同是政府的地方官員，有其負責的行政區域，需要定期巡視。所謂「境」，即指所管的轄區範圍，因此，傳統上遶境不會任意超出該神明的轄區——相對的，進香就比較常前往拜訪或晉見「境外」的神明。

媽祖巡境的意義

遶境的目的有二，其一是神明巡視管轄區；其二是淨化轄區並為信眾帶來福祉。

信徒相信，神明遶境能保佑其轄區範圍內的子民。透過神明出巡，可以驅邪壓煞，使地方風調雨順，因此，他們會從神殿內迎請神像，安奉於神轎，自廟宇出發，巡轄區內的街道，讓民眾跟隨隊伍，沿路各家戶擺香案祭拜，祈求保佑平安。媽祖遶境的隊伍，陣頭通常很龐大，護法神將也會伴隨。

遶境活動多是境內民眾共同參與，由廟方組織管理，一般會先以卜筊或選舉等方式選出正、副爐主，設立若干委員分工，擇定日期、神轎出入廟宇的時間，並且安排遶境路線。經費預算則依當地廟宇的財力支付，或採取貢獻結緣金、或徵收丁口錢等，通常都是宮廟地區在地的信眾一起出錢出力。

不過，媽祖遶境與進香有時候會一起舉辦，例如大甲鎮瀾宮最初也固定前往北港朝天宮進香（見137頁），但後來因分靈關係的爭議而中斷，改成——先前往新港地區各宮廟進香，返回大甲五十三庄境內時，舉辦媽祖遶境活動，也更名為大甲媽祖「遶境進香」。

除此之外，據《安平縣雜記》所記載：「三月二十日，安平迎媽祖。是日，媽祖到鹿耳門進香；同時，莊民多備八管鼓樂、詩意故事，迎入遶境。」可知開臺天后宮的安平媽祖也是先到鹿耳門進香，之後才又舉行遶境儀式。

此外，無論本區是否已有「在莊媽」或「在地媽」，村民也可迎請一尊與本地有淵源的媽祖，一起參與「迓媽祖」（迎媽祖）的遶境活動。例如臺中縣霧峰、烏日等一百多年「東保十八莊迎媽祖」（大屯十八庄迎媽祖），因村莊沒有共有廟宇，但共有「十八庄媽」，因此，每年會把附近媽祖請來參與遶境，依順序逐日在莊內迎神請客（見174頁）。

遶境、進香活動儀式名稱解釋

人對神

◆**起馬**：每天早上起駕出發前，進香的信徒到媽祖駐駕處焚香向媽祖稟告，祈求一路平安。

◆**落馬**：進香抵達駐駕過夜的地點，應等候頭旗停駐，信徒向媽祖參拜，感謝媽祖護佑。

◆**燒香**：指透過焚香的過程，燃燒後產生的香煙，可直達天庭，與神明溝通，將心中的祈願，通過燒香向諸神稟告。

◆**插香**：媽祖回鑾途中，由頭香、貳香、參香及贊香團體在預定地接駕參拜，在媽祖轎內插香。

◆**過香**：香客將平安符在天公爐上「過香煙」，以求庇佑。

◆**進香**：通常指分香廟的信徒回到祖廟進謁，再次割引香火置於香擔帶回，不過，在一些無分香關係的廟宇，亦有些信徒會迎請在地廟宇的媽祖，一同與媽祖跨境前往歷史較久或靈驗的老廟交流。

◆**割香**：又稱「刈香」、「割火」、「刈火」，指分香子廟前往祖廟（母廟）或小廟前往威靈大廟掐取香灰帶回，放入主爐，象徵香火、靈力相結合。

◆**隨香**：信徒為了還願或表達敬奉，進香、遶境的信徒持香、隨香旗、香燈跟隨於神轎之後，稱為「隨香」。

神對神

◆**謁祖**：分靈的神像回祖廟進行謁拜之禮。在中國，進香時先到賢良港天后祖祠，祭祀媽祖的祖祠、聖父母，也稱謁祖。

◆**分香（分靈）**：早期先民渡海來臺，會取得祖廟或故鄉廟中媽祖神像的「分身」，或先取媽祖的香火袋，平安抵達臺灣後，再刻一尊媽祖像與香火袋一同供奉，如果遇到船難，媽祖神像落水被信徒撿取供奉，則稱「漂流」。

◆**交香**：宮廟雙方的香爐並置，燒香後香煙纏繞，再將神像、香擔、令旗等，從祖廟香爐上方傳出來。或是進香回來的媽祖香火與信徒家中的香火交換，分霑福德。

◆**會香**：為廟宇之間的進香參拜，多指同一香火來源的友廟，廟間相互交流之意，會香和進香的差別，在於會香的廟宇彼此之間等級相近且無分香關係。

神對廟

◆**停駕**：指神轎暫時歇息某宮廟或某處。

◆**駐駕：**媽祖神轎到客地廟宇過夜休息，進香人員由廟門到正殿等候媽祖入廟，將媽祖請出大轎，以令旗護衛，到正殿的神龕入座。

◆**入廟：**媽祖鑾轎進入廟宇駐駕，通常神轎在廟門前「三進三退」（見144頁），隨後衝入廟門進行安座。

◆**坐殿：**抵達宮廟要駐駕，會以傳遞的方式，讓媽祖神像與護法、五營旗、大印與金爐，共同與正殿媽祖坐殿。

大甲媽遶境進香

大甲媽祖遶境進香被 Discovery Channel 評為世界三大宗教盛事之一（主要依據參與人數超過百萬，但其實不能確認）。一九九九年，臺中縣政府為支持地方觀光活動，名為「大甲媽祖文化節」；二〇一〇年經行政院文建會指定為「中華民國無形文化資產民俗類重要民俗」；二〇一一年，市議會將活動更名改為「臺中大甲媽祖國際觀光文化節」，帶動了大甲媽遶境的觀光熱潮。

大甲鎮瀾宮為「大甲五十三庄」媽祖信仰中心，最初為莆田市湄洲島移民來臺的林永興先生所建的廟祠，之後擴建改稱「鎮瀾宮」。

大甲媽祖大事紀年

時間	重要大事
一七三二年（雍正十年）	林永興先生一七三〇年自莆田市湄洲島移民來臺，並於一七三二年建廟祠。
一七七〇年（乾隆三十五年）	改建成「天后宮」，每十二年一次，由大安港或溫寮港直駛往湄洲謁祖（刈火）進香。
一七八七年（乾隆五十二年）	擴建改稱「鎮瀾宮」。
一九一三年（日大正二年）	日本政府嚴禁湄洲謁祖進香，改為南下前往北港朝天宮進香。
一九四四年至一九四五年（日昭和十九年至二十年末期）	第二次世界大戰末期，遶境中斷數年。
一九四七年（民國三十六年）	二二八事件，禁止集會遊行，遶境停辦一次。
一九四八年（民國三十七年）	恢復往北港進香。
一九七四年（民國六十三年）	導演黃春明與攝影大師張照堂合作拍攝《大甲媽祖回娘家》紀錄片。
一九八七年（民國七十六年）	組團前往湄洲媽祖祖廟參加媽祖成道一千週年紀念，再前往賢良港天后祖祠參拜，從此恢復湄洲謁祖（刈火）進香。
一九八八年（民國七十七年）	取消前往北港朝天宮進香，改往新港奉天宮遶境進香。

一九九三年（民國八十二年）	開始電視臺實況轉播吸引國際世界目光。
一九九九年（民國八十八年）	首次舉辦「臺中縣媽祖文化觀光節活動」。
二〇〇六年（民國九十五年）	以小三通模式往返湄洲媽祖祖廟、賢良港天后祖祠。
二〇〇八年（民國九十七年）	臺中縣政府登錄為臺中市文化資產。
二〇一一年（民國一〇〇年）	行政院文建會指定為「國家重要民俗活動」並舉辦授證儀式。臺中市議會決議名稱改為「媽祖國際觀光文化節」。
二〇一四年（民國一〇三年）	兩岸宗教直航，前往臺中港搭海峽號出發，搭海峽號由福建省平潭直航返回臺中港，遶境大甲市區，最後回鑾。
二〇一五年（民國一〇四年）	臺中市政府文化局拍攝《臺中迓媽祖》紀錄片，登錄無形文化資產。

大甲鎮瀾宮最初是前往湄洲媽祖廟進香，大約每十二年一次，到了日治時期，改為南下北港朝天宮進香，一九八八年至今則是改往新港奉天宮。一年一度的大甲媽祖遶境進香，廟方結合了進香與遶境兩個活動一起舉辦，成為一大特色，時間約在每年農曆二月底至三月初舉行，全程三百多公里，跨越多所縣市鄉鎮，歷時約九天八夜。

大甲鎮瀾宮媽祖在正式遶境、進香的前幾天，廟方會預先在既定路線上張貼「香條」，香條上寫明起駕、回駕的時間，以及「合境平安」或「遶境平安」等字樣，香條的用途主要為路線指標，但也有保佑轄境平安、鎮煞驅邪的作用，沿途民眾只要看香條，就可以知道神駕如何進行，將在何處停駕休息或進行參拜，也會熱誠準備餐飲點心，展現溫暖人情。

大甲鎮瀾宮媽祖遶境的陣頭龐大，除了報馬仔、頭旗組、開路鼓、大鼓陣，龍鳳繡旗團、哨角隊、三十六執士團、轎前吹、傘組、神轎班，還有鎮瀾宮五大神偶團：福德彌勒團、彌勒團、太子團、神童團、莊儀團等。

大甲媽祖遶境的十大典禮

一、**筊筶典禮：**每年元宵節於大殿擲筊請示，以決定每年度起駕日期時間。

二、**豎旗典禮：**「頭旗」為遶境進香指揮旗。豎頭旗當天備香花茶果，於子時誦經，之後豎起頭旗，向三界昭告，正式啟動。貼香條告知民眾所經路線及宮廟。

三、**祈安典禮：**在遶境出發前舉行，祈求媽祖庇佑平安順利。

四、**上轎典禮：**遶境出發時（起駕日）舉行，典禮後，恭請媽祖與千里眼、順風耳護法將軍一同上鑾轎。

五、**起駕典禮：**媽祖鑾轎在鎮瀾宮大殿被抬起，在起駕日晚上出發。

六、**駐駕典禮：**遶境進香約第三天，媽祖鑾轎進入奉天宮，誦經讀疏感恩媽祖保佑平安抵達。

七、祈福典禮：凌晨於奉天宮大殿舉行祈福典禮，為信徒祈求消災解厄。

八、祝壽典禮：於晨間，所有信徒為媽祖祝壽並誦經，行三跪九叩之禮。

九、回駕典禮：於祝壽大典同天晚上，回駕前夕，恭請媽祖登轎並恭送媽祖，信徒徒步回鑾大甲鎮瀾宮。

十、安座典禮：最後一天回大甲鎮瀾宮，進行安座典禮，叩謝媽祖一路庇佑信眾平安抵達。

大甲媽遶境進香和白沙屯媽進香比較

每年度媽祖進香最受矚目的兩大重頭戲，就是苗栗白沙屯拱天宮徒步進香與臺中大甲鎮瀾宮的媽祖進香遶境。兩大活動同列為文化部「國家重要無形文化活動資產」，但仍有不同，各有特色。

	白沙屯拱天宮	大甲鎮瀾宮
特色	承襲將近兩百多年的信眾徒步進香傳統。	從單純進香，改成進香與遶境結合舉辦，並加入國際宗教觀光。
目的地	從苗栗通霄至雲林北港朝天宮。	從臺中的大甲出發，原本前往雲林北港朝天宮進香；一九八八年後改至嘉義新港奉天宮。

路線	路線不固定，無固定駐駕的地點，一切隨媽祖鑾轎當下的靈動前進（只有起駕日、刈火日與回宮日事先知曉）。	媽祖遶境的行程與路線事先排定，駐駕地點與隔日起駕時間也都會事先規劃好。
時間	行程約六到十一天不等，事前向媽祖擲筊決定。	隨著時代而改變，目前長達九天八夜。
行銷	配合白沙屯文化藝術季。	配合臺中大甲媽祖國際觀光文化節。

遶境隊伍有玄機

媽祖遶境的陣頭可以說是一個重頭戲，陣仗也相當龐大，其中每個角色都扮演著不同的功能，有的可以保平安，有的可以求姻緣，有的賜福賜財，有的避邪，有的討吉利。當然，主角還是媽祖鑾轎。

媽祖遶境時，廟方先會在預定經過路線上貼上香條。遶境前會誦經、讀出巡牒文。接著鳴炮，陣頭、神轎等依序出發。遶境出巡的隊伍主要有前鋒陣隊與主神陣，中間穿插熱鬧陣隊。

一、**前鋒陣隊：**負責引路、導引及通報，隊伍領頭為「報馬仔」，及鼓吹陣頭所組成。

二、**熱鬧陣隊：**通常會安排在中間串場的陣隊，使整個隊伍更加熱鬧、更引人注目。

三、**主神陣隊：**陣隊以神轎為中心，是最後壓陣的主神轎伴隨與神明相關人事物，後面跟隨主事者，許願隨香者則多會跟在神轎之後。

由於各地風俗民情差異，遶境巡行隊伍的組成也有所不同，轄區廣大的，遶境要一、兩天，甚至更多天，才能巡視完畢，然後，鑾駕回宮、誦經、過爐安座。

媽祖遶境陣頭介紹

◆**報馬仔：**報馬仔是媽祖駕前先鋒，沿途敲鑼讓信眾知道遶境隊伍即將抵達，有的報馬仔沿路還會發平安餅給路上的信眾吃。有些信徒會向報馬仔請求手上的「紅絲線」，放皮夾或綁在手上，祈求一個好姻緣；也可以置於錢櫃，求財求事業；也能保護孩童平安，幼兒少哭啼，所以報馬仔非常受信眾歡迎。

◆**頭旗、頭燈、三仙旗：**頭旗、頭燈、三仙旗是全隊伍的前鋒。頭旗代表媽祖之令，在隊伍最前方引導行進。頭燈又稱「托燈」，有照明作用，晝夜為隊伍領航，代表隊伍的眼睛，象徵光明。三仙旗中間的黃旗代表媽祖，兩側藍旗則為護駕，沿途不能超越頭旗，黃旗必須在中間。

◆**大燈車：**大燈車有將近百個大燈，浩蕩前進，為「北港迓媽祖」（見168頁）的一大特色，引人注目的隊伍，代表與參與的鋪會與轎班會。

報馬仔奇特裝扮有何含意？

報馬仔造型特殊，具二十多個特點（身著清朝服裝，頭戴斗笠，穿紅纓帽，持令旗，眼戴老花眼鏡，嘴上多半留八字燕尾鬚，肩挑紙傘，旱煙斗，上掛韭菜〈稱長生菜〉，茶壺，提響鑼，一腳穿草鞋，一腳打赤腳等，捲著長短褲管、劃上瘡疤等），當中的每一項裝扮，其實都深具含意。

◆戴「無鏡片」的老花眼鏡，閩南語叫「無仁」，隱喻著不可目中無人，也有看透人世間是非曲直的意思。

◆八字燕尾鬚，諧音「言非虛」，寓意言而有信，嘴上鬍鬚，口為頭，長辮有尾，也意指做人要有頭有尾，不可半途而廢。

◆捲起褲管，一高一低，表示人生起起落落；一腳露出小腿，刻意劃上瘡疤，要提醒世人「別揭人瘡疤」；一腳赤足則是勉勵人腳踏實地。

◆「銅鑼心」比喻「同勞心」，一同勞心勞力。

◆長紙傘的「雨傘」指「語善」，「長傘」指「長善」。

◆報馬仔也會帶著旱煙桿，抽旱煙，「含煙」二字與閩南語「感恩」諧音，勸人常存感恩心，煙袋的煙是香火，象徵媽祖濟世的精神代代相傳。

◆**開路鼓**：開路鼓會掛上所屬宮廟的燈飾或旗幡，沿路吹奏敲打，就如同開路小樂隊，有鼓、鑼、鈸、嗩吶等，通知信眾隊伍已抵達。

◆**駕前隊伍**：在每年元宵節以擲筊決定起程日期之後，協調頭香、貳香、參香、贊香等團體，即駕前隊伍，能優先參拜插香。

◆**繡旗隊**：繡旗隊多由女信徒組成（也有男信徒），負責彩牌旗、龍鳳旗與繡旗等，每人都執一支繡旗，有些是為家人還願，有些廟方每年開放報名，欲參加者必須獲得允筊後才能加入。

◆**香擔組**：依習俗，香擔組由副爐主負責將裝載香火的香擔肩挑扛回，其中一香擔裝有火缸，另一個放置茶渣餅、檀香末等，為沿途香火所需燃料。在遶境、進香時，廟方會嚴密保護香擔，因為最重要的關鍵任務是香擔的火不能滅。香擔內另有手電筒、黑雨傘及鎖。

◆**福德彌勒團**：福德彌勒團的成員有福德正神、玉女、彌勒羅漢、彌勒祖師、彌勒古佛。以土地公為開路之神，一手持拐杖，一手持著元寶，代表賜福添財。彌勒羅漢賜「福」，穿著綠色服，笑容開懷；彌勒祖師賜「祿」，穿著黃色服，濃眉大眼和黑臉；彌勒古佛賜「壽」，穿著粉紅服，有花白鬍鬚。玉女被視為孩子的守護神，信徒常換取她的奶嘴給家中的小孩，保佑小孩平安。

◆**太子團**：太子團主神為三太子哪吒，師父濟公一旁作伴，通常會以「醉步」前進。有些信眾也會向太子團討奶嘴給新生幼兒吸，或是讓三太子爺「過嘴」加持，讓小孩平安乖巧。此外，三太子能求財，也能求行車平安。

◆**神童團**：神童團有代表招財與進寶的神童，象徵信徒祈求財富。

◆**哨角隊**：在遶境中，哨角隊會依前方鑼聲的吹奏，協助開路及驅魔。

◆**莊儀團**：莊儀團為媽祖的首席護駕，成員即千里眼、順風耳兩位護衛將軍，態勢莊嚴。兩將軍頭戴金箍，頭髮綁篙錢；面帶七星，手握手錢。篙錢可以避邪、治療痠痛，有些人會收集將軍走動時掉下來的篙錢，用來收驚及鎮宅之用，據說相當靈驗。

◆**三十六執事隊**：多由男性組成，手持「長腳牌」及「執事牌」，前半部執彩牌，寫著「肅靜」、「迴避」、「天上聖母」（主神牌）、「遶境進香」、「風調雨順」等，後半部則拿各式武器，如龍頭杵、偃月刀、伏妖劍、文筆手等，為神明護衛隊，走在鑾轎前頭，負責開路與護駕，相當於皇帝出巡的儀杖。三十六執事的法器為神明兵器，具有法力象徵，被兵器觸碰到能帶來好運，如文筆手可助金榜題名。有些廟方會開放三十六執事隊給信眾報名，但需得到媽祖允筊。

◆**轎前吹、馬頭鑼**：轎前吹由嗩吶、吊鼓、鐃鈸、小木魚等組成，為媽祖鑾轎前的小樂隊。馬頭鑼為兩面鑼，敲擊時表示媽祖停駕、起轎。

◆**涼傘**：涼傘為媽祖沿路遮陽用，相當於古代帝王出巡所用的華蓋。

◆**媽祖鑾轎**：媽祖鑾轎左右兩側有兩支令旗，具除煞驅魔功用。鑾轎為藤編，轎身為木雕底座，信眾深信謙卑在媽祖神轎下「躦（鑽）轎腳」（見164頁），能祈求媽祖保佑治病、驅除種種厄運。這也是最被期待的一刻，所以，常會出現一長龍的跪拜信徒，趴在地上等待。

什麼是鑽轎腳？

鑽轎腳又稱「稜轎腳」，指信徒趴跪在媽祖進香、遶境的神轎下，希望得到平安的庇佑，或是信徒還願。為了表示最誠摯的感恩，有些信徒會帶著家人的衣物、嬰兒用品，跪伏在地，無視地面泥濘，成為媽祖的踏腳椅；甚至有家屬扶著病患，或推輪椅到轎底，抬轎人會舉起神轎或讓病患能親觸神轎，使其獲得媽祖的賜福。

鑽轎腳是一種宗教儀式，也是一種內在的修練，以五體投地的方式謙卑跪拜，恭敬至誠，禮敬媽祖，臣服於媽祖神轎之下，去除內在傲慢心，全心全意的託付，才能在媽祖的護佑下，跨越種種心理上的障礙，並以感恩的心來領受媽祖所賜予的福德。

鑽轎腳有一些禁忌要注意，例如手上不要拿進香旗和香，身上的平安符要拿下，脫帽並卸下背包，表示尊敬。此外，神轎下不得起身，也不要碰觸神轎。

◆**藝閣**：源自中國傳統民間的技藝表演，從福建泉州、廈門等地引進臺灣，藝閣與陣頭可合稱「藝陣」。這是由小朋友打扮成神話或民間故事人物，乘坐在花車上遊行，會準備許多糖果沿途發給民眾分享，代表賜予平安好運，是非常受信眾喜愛的陣頭。據說坐在藝閣上可保佑孩童，所以每年報名非常踴躍。

◆**八家將**：是民間信仰的陣頭，一般認為起源於五福大帝駕前，專責捉拿鬼怪妖邪的將軍。逐漸轉變為王爺、媽祖等廟宇的開路先鋒，擔任主神隨扈，屬於武陣，能解運祈安、安宅鎮煞。後來廟會中的信士，裝扮成「八家將」，演變為一種臺灣民間信仰活動。

◆**大神尪仔**：大仙尪仔又稱「大仙翁仔」，是臺灣廟會、遶境常見的陣頭表演，配合北管或鑼鼓演奏，在街上遊行或進入廟宇。演出者會將自己套入常見的神祇造型人偶中，如：范謝將軍、千里眼、順風耳、四大元帥、五營神將、中壇元帥、二郎神君、彌勒、濟公、土地公、鍾馗等。大仙翁仔平時在廟內，會擺放在神祇左右、當護法將軍等，大仙翁仔面前均有供桌，供人祭拜。

媽祖遶境的陣頭和種種表演，充滿了濃濃人間情味的溫暖，神明的護佑讓人心有了慰藉。人們心中總是有很多的祈求，有人求平安，有人求健康，有人求消災，有人求財富，有人求長壽，有人求姻緣，而在我們苦樂參半的人生中，媽祖和護法神眾總是與世人相隨相伴……

為什麼媽祖出巡通常會下雨？

提到了媽祖出巡，民間流傳著一個俗諺：「媽祖婆雨、大道公風。」這句話的意思是說，當媽祖出巡時一定會下雨，大道公出巡時一定會颳風，這樣的傳說其實來自戲曲「大道公鬥媽祖婆」。

大道公和媽祖一樣，是源自福建、廣受民間信奉膜拜的神祇，又尊稱保生大帝，俗姓吳，又稱吳真人、吳真君，與媽祖同為宋朝人，由於醫術高明，為尊崇其醫德，乃將其人神格化，為醫藥界所虔誠信仰。

據「大道公鬥法媽祖婆」，某日大道公出遊與媽祖邂逅後便心縈魂牽，展開熱切追求。在大婚之日，大道公迎娶的花轎隊伍將媽祖扛到半路時，路邊草叢有隻母羊正在分娩，發出不尋常的陣陣痛苦叫聲，媽祖掀簾往外一看，見母羊在分娩過程難產而死，媽祖心驚，害怕自己免不了生產之苦，於是萌生退婚之意，要轎夫掉頭回返，臨陣逃婚，隨後入山修道。

沒能娶回新娘，大道公心情跌落谷底，咆哮大怒，即刻率師問罪，直奔媽祖而來。媽祖接獲急報，下令千里眼、順風耳迎敵，正當兩軍對壘交鋒之際，天帝傳來息戰聖旨，雙方收兵。之後，大道公由愛而生恨，當三月二十三日媽祖誕辰而遶境出巡，大道公以為機會到來，便一面跟著，暗中施展法術，忽然傾盆大雨，淋了媽祖一身，洗掉臉上的脂粉，使媽祖羞於見人，也避免其他神明覬覦。媽祖不甘示弱，隔年三月十五日大道公聖誕出巡，施法颳起狂風，將大道公的烏紗帽吹落地上，讓他難看。因此，民間流傳，媽祖出巡會下雨，大道公出巡會颳風，如果出巡當天無風無雨，信眾便認為：大道公和媽祖婆雙方和解！

據說，神明出巡前會先降雨，將境內的塵埃以雨水洗淨，稱「洗路」或「洗香路」。下雨能降溫，使風吹來涼爽，甚至對農穀守護神而言，下雨是潤澤萬物以利生長。媽祖出巡陣仗，官牌有一面是「風雨免朝」，是祂為了保佑船家一帆風順，因風雨來朝不利，便賜予免朝。

臺灣媽祖行列の藝閣
PROCCESSION OF MAYA'S FESTIVAL.

媽祖陣頭當中的藝閣。

迎神賽會——國家指定二十四項重要民俗，媽祖相關的占五項

除了農曆三月媽祖生，全臺媽祖進香、遶境的嘉年華會之外，臺灣各地區還有許多重要的媽祖慶典……媽祖信仰在臺灣，除了宗教信仰的層面，其實還有人與人之間情感的聯繫。

國家指定二十四項重要民俗（由文化部文化資產局列管）當中，除了大甲媽祖遶境進香、白沙屯媽祖進香之外，北港迎媽祖、北港進香、雲林六房媽過爐也登錄在其中。

北港迓媽祖

北港迓媽祖為北港朝天宮著名媽祖遶境活動，臺語「迓（yà）」就是迎的意思，迓媽祖就是迎媽祖，就是媽祖巡視轄區的活動，以笨港溪為分界，且因南街、新街而有南巡與北巡的分別。

北港迓媽祖一般在農曆三月十九日南巡南街、二十日北巡新街地區，陣頭規模盛大，眾多隨香隊伍，綿延多公里。由於北港朝天宮是臺灣分靈最多的媽祖廟，自清朝以來，為媽祖遶境典範，聞名遐邇，不但規模盛大，場面更是壯觀。

北港炸轎

北港迓媽祖有驚人鞭炮陣容，與臺東炸寒單、鹽水蜂炮並稱為「臺灣三大炮」。

「炸轎」又稱「吃炮」、「虎爺吃炮」，除了大媽神鑾不受炸轎，二媽到六媽，及虎爺神轎都能炸轎吃炮，因此，當神轎經過商店門前，商家就會在轎底點起鞭炮。其中，「犁炮」就是把犁頭鐵片放在炭火燒紅，點燃排炮（尺炮），在神轎底下放炮；至於「網炮」，就是把鞭炮鋪地面，讓神轎踩過。

俗語說「北港囡仔不驚炮」，就知道北港人從小就習慣炸轎放炮。

雲林六房媽過爐

六房媽祖過爐慶典為地方上重要的宗教盛事，可說是全臺規模最大的「無寺廟」媽祖信仰，六

六房媽身世

六房媽信仰起源自大陸福建，為莆田九牧林氏第六房子孫，清順治年間移民來臺時，奉請九牧林世系的「六房老姑婆」護佑平安——世系其他各房子孫皆稱媽祖為「六房老姑婆」，六房媽之稱由此而來。

房媽祖由雲林縣五鄉鎮的村里信眾供奉，由於沒有供奉的主廟，由鄉鎮庄頭分成五股：斗六市（大北勢股）、斗南鎮（斗南股）、虎尾鎮（過溪股）、土庫鎮（土庫股）、大埤鄉（五間厝股）。各股輪值主辦祭祀事宜，依時間流程選爐主，負責搭建供奉六房媽的臨時祭壇，原是在家中簡單搭設祭祀空間，後因信眾日益增加才改為搭建更大的祭祀宮壇——紅壇，紅壇的祭祀儀式保留臺灣傳統古禮，類似一般小型廟宇，供信眾祭拜。六房媽駐蹕一年，於每年農曆四月間變換奉祀地點。雲林六房媽祖為臺灣最具代表性的爐主制度組織，每五年完成一次循環，每年各股交接任務，保管六房媽神像及公產，這種每年遷居在各鄉鎮輪替的祭祀方式，能有效集結境內村落的凝聚力。

北港進香

北港進香指的是全臺各地宮廟、信眾前往北港朝天宮刈火、會香或參拜，是臺灣媽祖信仰中極具代表性的活動。北港朝天宮是臺灣分靈最多的媽祖廟，而且進香團數量也是最多的，每年大約有三千團以上，涵蓋全臺與離島地區，並遍及南非、北美、東北亞和東南亞等；二〇一三年的世界媽祖會北港活動，以四千六百四十三尊神像同堂締造金氏世界紀錄。

北港進香的歷史，其最早的記錄文獻可追溯至一八一四年的〈嘉慶十九年彰化南瑤宮老大媽會合約〉，後來還有道光二十六年款的古物「北港朝天宮進香旗」證據（一八四六年），可推測應有長達兩百多年的歷史。

如今，北港進香已於二〇一四年正式登錄國家指定重要民俗，這也讓北港朝天宮成為臺灣唯一承傳兩項重要民俗（北港進香、朝天宮迎媽祖）的保存者。

無形文化資產「重要民俗」的六大媽祖相關活動

活動名稱	登錄時間與字號	文化價值評定
大甲媽祖遶境進香	2010-06-18 會授資籌三字第 0992006193 號函（重新登錄：2017-11-21 文授資局傳字第 10630129831 號公告）	傳承顯現媽祖信眾所尊崇之悲天憫人、撫慰人心等共同價值。隨香傳統陣頭眾多，其組成多為民眾自發性參與。信徒徒步隨香過程中，信仰與心靈層面淨化，促進社會祥和。

白沙屯媽祖進香	2010-06-18 會授資籌三字第 09920061931 號（重新登錄：2017-11-21 文授資局傳字第 10630129831 號公告）	全國最具特色媽祖進香活動之一，路線、時間皆不固定，旅程全由媽祖主導，更顯信仰之深刻與虔誠。具多重社會功能和文化意義，對參與者和共同信仰群體具長遠且深刻的價值。信仰儀式、隨香陣頭及接駕宮廟，各般儀式細節行禮如儀，細膩而蘊含著民俗質樸之美。
北港朝天宮迎媽祖	2010-06-18 會授資籌三字第 0992006193 號函（重新登錄：2017-11-21 文授資局傳字第 10630129831 號公告）	歷史傳承悠久，保存傳統藝閣陣頭展演，炸虎爺、吃炮等習俗亦具特色。自清代盛行迄今，南巡南街、北巡新街，為地方富歷史源流之盛事，陣頭儀仗甚具地方特色。
雲林六房媽過爐	2017-09-20 文授資局傳字第 10630103643 號	雲林六房媽過爐為無固定廟宇之媽祖信仰形式，民眾自主性、互動參與度極高。維繫五股三十四庄爐主輪祀制度，具有傳統在地信仰元素，如神明移交、擔花、擔燈、中軍班、分旗腳、紅壇等特色。每年農曆四月盛大過爐儀式，數十萬信眾與香客參與。移爐式的紅壇信仰形式，為全國最具規模、最具指標性代表。
北港進香	2024-05-17 文授資局傳字第 11330048741 號	北港進香是臺灣媽祖信仰中極具代表性、進香團最多的活動，維持傳統進香儀式，包括貼香條、廟口參神、入廟安座、團拜、刈火、請火回駕、回鑾與合火等等儀式，在歷史與社會變遷下，具文化生命力。

其他重要媽祖慶典

除了這五項重要民俗，媽祖還有許多重要慶典活動，與國民生活有關並有特殊文化意義。

府城迎媽祖

府城迎媽祖自清朝晚期開始，最初是臺灣府城祀典大天后宮迎接南下的北港媽祖，並在府城遶境，後來發展為迎大天后宮的「鎮南媽」，是媽祖遶境的科儀起源。祀典大天后宮在清朝是媽祖遶境主廟，為臺灣媽祖信仰圈的中心，由於府城為臺灣政治、經濟、文化的重鎮，主持廟務的三郊商會，藉媽祖信仰維繫各地郊商社團情誼，隨經濟圈發展，建構出媽祖信仰圈。

後來每逢媽祖聖誕，各地分香廟宇及社團至大天后宮進香，形成媽祖遶境活動。

同安寮十二庄迎媽祖

傳承近二百多年彰化福興鄉、埔鹽鄉等境內十二庄的同安寮十二庄迎媽祖，在媽祖誕辰前，會迎奉鹿港天后宮媽祖至此進行二天一夜的遶境，祈求風調雨順、合境平安。在各庄宮廟同心努力之下，百餘年來遵古禮，彰顯在地傳統文化，也凝聚村民的情誼，目前已經是彰化縣重要的無形文化資產。

同安寮十二庄迎媽祖是指彰化福興鄉、埔鹽鄉境內十二庄，同安寮因早期位於貧瘠地帶，在清朝合稱「同安寮」，隨時間發展，已經超過十二庄規模，不過仍舊稱為同安寮十二庄迎媽祖。

大屯十八庄迎媽祖

清道光年間大屯十八庄（烏日庄、大里庄、大平庄、霧峰庄等）遭逢「烏龜病」病蟲害，庄民迎請中部地區各宮廟媽祖聯合出巡壓制，媽祖巡境所到之處，降甘霖，蟲害消退。之後「十八庄迎媽祖」形成每年固定迎請媽祖禳災祈福的活動，每年邀請彰化南瑤宮、芬園寶藏寺、旱溪樂成宮、臺中萬春宮等及庄內神尊共同遶境，為具地方特色的「接力式迎媽祖」。

松山迎媽祖——年度爐主交接儀式

松山慈祐宮農曆四月間舉辦媽祖過爐年中祭典，錫口十三街庄輪流舉行（十三街庄包含現今的松山、信義、南港、內湖、中山、大安區內的十三個村庄），每年一庄輪值爐主，由擲筊最高允筊者當選爐主，輪流迎接「爐主媽」至家中坐鎮。

由於十三年才輪值一次，十三街庄會各自成立籌備委員會，被地方上視為最重要的節慶活動，藉以保佑該街庄當年風調雨順，由於媽祖過爐的活動慶典愈辦愈盛大，漸漸演變成松山迎媽祖活動，成為臺北地區規模最盛大的廟會祭典。

關渡宮媽祖茶鄉遶境

古早以來，關渡媽祖就被視為民間驅除田園害蟲之神，能為茶農驅蟲害，所以早期農業社會的茶農會前往關渡宮祭拜媽祖，以護佑農收順利。新北市茶鄉的深坑、石碇、坪林山區，以及臺北市文山區木柵茶園，常由關渡宮二媽至茶鄉遶境，至今已有百年以上傳統。茶農在關渡媽所經之處，設置香案，翹首等待媽祖鑾駕到來，一起舉行趨茶蟲儀式。

近來，關渡媽祖茶鄉遶境活動，大致是每五年舉辦一次。為期一個月的遶境，由關渡二媽繞行深坑、石碇、坪林地區茶園。媽祖所到之處，鄰里大街小巷，各家戶設香案祭拜，祈求媽祖協助茶農除蟲鎮煞，保佑風調雨順，頓時，寧靜的山區變得十分熱鬧，而關渡媽祖茶鄉遶境，也成為當地茶鄉最具特色的宗教活動。

澎湖媽祖巡海

澎湖天后宮是全臺最悠久的媽祖廟，供奉有大媽、二媽和三媽，全是金面媽祖。於民國七十五年農曆三月十一日首度舉辦媽祖巡海遶境活動，由三媽搭船代表出巡遶境，為澎湖天后宮四百年來首創的媽祖出巡海域廟會活動。

此舉立刻轟動臺澎，因此連續舉辦了海巡活動，皆得到信眾肯定。海上遶境範圍擴及海域，包括北港朝天宮、臺北吉安宮、基隆與花東等二十座廟宇。

金瓜石迎媽祖

相傳一九一〇年間，金瓜石地區流行疫病，於是請來關渡宮二媽遶境祈福，從此便成為在地習俗。目前最早的史料據一九一九年《臺灣日日新報》的〈金瓜石山神祭〉，「金瓜石礦山山神祭。依例於六月二十八日午前十時舉行……是日該地有媽祖祭典，臺灣人之餘興亦多，熱鬧非常云。」可見當時日人的山神祭與臺灣人的迎媽祖在同一天舉辦，但是是分開舉行的。到了一九二六年，同樣是《臺灣日日新報》所載：「基隆金瓜石神社，每年訂六月二十八日，由金瓜石鑛山株式會社主催，舉行祭典，是日本島人間，恭迎媽祖遶境，以祈求山神獻瑞，金苗多出。本年因礦山會社都合，延期於七月十日，媽祖遶境亦隨之延期。」可看出山神信仰與媽祖信仰已緊密結合，兩祭典的辦理互為連動。

現在山神祭已消失，而迎媽祖一直流傳至今，在地信徒奮力扛著神轎，在蜿蜒山徑裡行進，山區環境地形，窄小且上下坡階梯多，被認為是「最艱辛的山城媽祖遶境」。

PART3 廟宇裡的媽祖

鳳冠霞披——從夫人到天后，「九龍四鳳冠」彰顯帝王規格？

臺灣傳統的媽祖聖像多是雕成太后形貌，順應媽祖是天上聖母、天后的意涵；而中國則流行將媽祖形塑成綽約、粉面的年輕妃子像，以呼應祂二十九歲昇天的說法。然而，不論是天后像或妃子像，其冠冕前一定都加有天帝級才能配飾的珠串，以彰顯祂的天后地位。

媽祖的造像，隨著歷代朝廷敕封的位階不斷提升而有所變化。其最早期的造像，其實類似於一般民間的婦女或夫人，因其最後升「天后」的神格，所以，現今媽祖造像多以尊貴的「鳳冠霞披」造型呈現，仿皇后冠服，甚至帝王規格（媽祖造像的冕旒冠帽歷來都是天子的頭冠，並未出現於歷代皇妃、皇后、皇太后的輿服志中，可見民間將媽祖視為帝王），其中「九龍四鳳冠」的后妃造像是媽祖最具代表性冠飾之一，這是古代女子和受朝廷誥封，最為隆重的禮冠象徵。《明會典》對「九龍四鳳冠」服飾有詳細的說明：

現今，媽祖造像多以尊貴的「鳳冠霞披」造型呈現。

「九龍四鳳冠，漆竹絲為圓匡，冒以翡翠。上飾翠龍九、金鳳四，正中一龍銜大珠一，上有翠蓋，下垂珠結，余皆口銜珠滴；珠翠雲四十片；大珠花十二樹（皆牡丹花，每樹花二朵、蕊頭二個、翠花九葉）；小珠花如大珠花之數（皆穰花飄枝，每枝花一朵、半開一朵、翠葉五葉）；三博鬢（左右共六扇），飾以金龍、翠雲，皆垂珠滴；翠口圈一副，上飾珠寶鈿花十二，翠鈿如其數；托裏金口圈一副。珠翠面花五副，珠排環一對皂羅額子一，描金龍紋用珠二十一顆。」

此外，有些媽祖的造像是戴官帽、穿官鞋等官位造型，常出現的手勢為雙手握舉作拱狀，手中持的圭笏板，置於胸前，如奏啟樣貌，代表著朝廷對媽祖地位的重視，視媽祖如同護國神明。其他手勢，或手平放、或手持如意，表現較具親和力，象徵吉祥如意。在馬祖島上的媽祖則是一手持引航燈，有護佑航行者的意義。

士大夫婦人——宋朝媽祖造像特徵

在較早期的宋代木雕媽祖像中，外型與服飾酷似「夫人」造型，髮梳螺髻狀、腰系玉帶、衣紋線條簡潔，如同一般民間貴婦，是極為親民的形象。

舉例來說，被考察為宋代文物的中國莆田文峰宮的媽祖木雕像，整體造像類似宋朝夫人裝扮；

此宋代木雕媽祖像，據說文革期間被密藏於民間枯井中，在文革之後，信眾們才將媽祖像送到宮廟奉祀，成為寶貴的歷史古蹟文物。

保有唐宋婦女風格——元朝媽祖造像特徵

元代的媽祖冊封晉升「天妃」，服飾規格也有所提升，整體造型更為高雅，大襟廣袖，頰頦豐

媽祖為什麼是「平胸」的造像呢？

媽祖的造像還有一個普遍的特色，就是平胸如大丈夫相，這個特點在臺灣的媽祖塑像中猶為常見——其實臺灣的女神多半都胸部平坦。

為什麼女人身的媽祖會是平胸的造像呢？

據《太上老君說天妃救苦靈驗經》，媽祖為「三十二相，相貌端成」，三十二相又稱大丈夫相，其中便有「胸膺方整如師子」的帝王或轉輪聖王相，象徵福德威儀的具足圓滿，也是對媽祖的恭敬之意——其實，就觀音菩薩造像來看，也多是平胸相。

此外，宋朝當時流行束胸，多以平胸為美，故宋朝的皇后圖像或仕女圖像多呈現平胸纖細之美，這也是可能的原因之一。

實，頭飾打扮及冠冕也有了一些改變，但仍保有唐宋婦女典型風格。在一些出土的古文物中，還發現到一些造型融合宗教僧伽服飾的媽祖石雕。

帝妃規格之確立——明朝媽祖造像特徵

到了明朝，媽祖神像的「天妃」形象更為明顯，據明永樂年間的《正統道藏》所收錄的《太上老君說天妃救苦靈驗經》，「頭戴花冠乘鳳輦，身披翬服仗龍形」「珠冠雲履，玉佩寶圭，緋衣青綬，龍車鳳輦，配劍持印，前後導從、部衛精嚴。」至此，媽祖神像大致上有了一個基本的規格，寬袖衣衫、霞帔雲肩、腰繫革帶，莊嚴秀麗如帝妃，頭戴「九龍晉賢冠」。

鹿耳門天后宮的開基媽組，即為明代后妃造型代表之一，包括等肩冠、貌翅（鏤雕）、雲肩、金線龍袍、右衽、明式龍頭寶座、天妃法髻等，被考證具有明朝官方形制。

提升至帝王扮相——清朝媽祖造像特徵

到了清朝，媽祖封號晉升為「天后」之尊，所以，服飾、鳳冠也隨之產生變化，正式以莊嚴神聖的天后來裝扮。據光緒年間《天后聖母事跡圖誌》所繪，媽祖的形象為頭戴冠冕、持玉圭、穿著緋衣，一如帝后尊位。在經歷清朝神格地位的提升，媽祖造型多為頭戴后冠、身穿著九龍袍，坐於龍頭扶手圈椅、足踏腳墊，后冠有鳳紋裝飾垂，雙手則作拱狀，持玉圭，整體造型的裝扮，近乎依照帝王朝服。因此，媽祖現今扮相近乎帝王，其神龕後的背景，也出現只有帝王才能使用的龍像圖騰，這都代表媽祖在信眾心中地位崇高。

紙塑像、泥塑像

◆**紙塑**：就是以「紙」做為材料，可分為兩類，紙「塑」是以厚紙為雛形，用薄棉紙，一層一層貼上，再塗上粉料和水膠，漆線、安金、上漆，做法繁複，技藝也幾近失傳。紙「糊」是以竹片為骨架，紙糊貼而成，這一類神像常於建醮或普度使用，神像也隨之火化。

◆**泥塑**：傳統泥塑神像內部大多使用木質骨架，為臺灣頗為常見的泥製作法，尺寸也較大，常做為鎮殿之用。

軟身？硬身？媽祖金身有玄機？

所謂「媽祖金身」，是指媽祖至尊的金貴（「金身」並不一定指用金所鑄造），臺灣媽祖金身構造可分軟身與硬身兩種。

硬身媽祖是頭、手、身軀，甚至帽冠、衣著、座椅都連成一氣，以木材、石材、燒陶或泥塑造型，臺灣媽祖造像多屬硬身媽祖。

軟身媽祖多以木雕為主，將頭部、手足分開雕刻，然後，再一一組合（身軀有的是綿布包裹泥架或稻草縫製而成，有的同樣是木頭），在組裝之後，四肢關節，甚至手指都可以活動，因此，除了可以為媽祖更換新的衣飾，連媽祖靈活的手指上，也能戴上珍貴的珠寶戒指。軟身媽祖是媽祖金身較不同於其他神明金身的特色之一，因為在臺灣其他神明較少有軟身製作的神像（有研究認為，軟身神像是仿製傀儡戲偶的樣式）。

變臉——不同臉色的媽祖，有什麼不同的意義嗎？

不同的媽祖廟，媽祖的聖像多少也有些不同，當中最明顯可見的，就是媽祖聖像的「臉色」，媽祖臉色最常見的有粉色、紅色、金色、黑色和白色，為什麼一樣都是媽祖，聖像臉部的顏色卻不一樣呢？

有時候，我們會在一間廟內看見不同臉色的媽祖，有些是如平凡少女的膚色，和藹可親；有些如佛祖般的閃亮金色（又稱金面媽）；有時候則是極為嚴肅的黑色呢？不同顏色所代表的意義又是什麼？為什麼臺灣媽祖以烏面媽（黑面媽祖）最多，而中國則多以粉面媽祖呈現？

粉面媽（膚色系）——粉面、紅面、白面媽祖

粉面媽祖以接近膚色系為主，多為早期民間所供奉，感覺也比較親民，具有親切感，如白沙屯

的粉面媽祖。中國也以粉面媽居多，如湄洲的粉面媽祖，因媽祖二十九歲便成道飛昇，所以呈現出媽祖少女時期粉嫩樣的模樣。

膚色系除了粉面，有些較偏紅色的稱紅面媽祖，代表喜氣、祥瑞，通常會在喜慶場合被迎請；白面媽祖較為少見，因華人較少使用白色，某些日本天妃廟供奉有白面媽祖，很像日本古代天妃白皙裝扮，在臺灣則有以白玉石材所造的全白色媽祖像。

金面媽（金色）

金色象徵修行成道，至尊無上，因此天帝級神明或佛祖多屬金色。金面媽祖意涵媽祖成仙得道的不壞之身，表現其尊貴與莊嚴。

皇帝所敕封多以金面媽祖為主，或受皇帝封賞而塑造金身，所以，官祀天后廟中的媽祖像多呈現金臉，如澎湖天后宮受康熙皇帝敕封的金面媽祖。此外，華人也會為媽祖神像貼金箔或上金漆，表達信眾崇敬的心意。鹿港天后宮的黃金媽祖，就是廟方將歷年信眾為感恩媽祖保佑所捐贈的三千多兩黃金及金牌鎔鑄而成，為純金打造的黃金媽祖。

此外，南方澳漁港的南天宮媽祖廟、大甲鎮瀾宮、福建湄洲媽祖廟等，先後也都在信眾捐獻下打造價值不菲的黃金媽祖。

臺南市大天后宮的鎮殿媽祖是金面媽。

烏面媽（黑色）

臺灣媽祖像以黑面媽祖所占的比例最多，臺灣信眾也認為，媽祖的臉愈黑，香火愈旺，表示愈靈驗。

那麼，黑面媽祖是怎麼形成的呢？有些是在信眾長期奉祀的香薰之下，媽祖神像從粉色薰成了烏黑色，信徒常稱之為「烏面媽」或「香煙媽」，如鹿港天后宮；有些是信眾在船上祭祀分靈媽祖時，因為持續燒香祈福，經過一段時間的煙燻之後，使媽祖臉薰黑了；另外還有一說，則是認為起源泉州崇武島的黑臉三媽感應故事。

泉州崇武島黑臉三媽感應故事

古代相傳，在崇武島沿海一帶，有漁民發現海上一根烏木漂來，便將木頭撈起，由於重量過重，他便回去找些人一起來扛，但天色已暗，看不見黑木頭，這時，拜亭中的赤石上突然端坐著一位女神，漁民連忙跪下敬拜。

隔日，漁民到天后宮時，赫然看見那根漂流的烏木在宮廟裡面。此事傳開之後，當地人請匠工將這塊烏木雕刻成媽祖神像，因為宮廟裡已經有大媽、二媽的塑像了，此神像因而稱為「黑面三媽」。

此外，也有些媽祖聖臉的臉色是特意漆成黑面，就如臺灣其他神明也有黑臉造像，如包公、關公。由於黑面看起來較具有威嚴，因此黑面媽祖常擔任執行除煞、收妖、鎮魔等法事，也彰顯媽祖的威德力。

媽祖的臉色有不同的變化，除了時代背景的因素之外，其實，無論是什麼臉色的媽祖，都呼應了人們不同的需求，但無論臉色怎麼變，祂的愛始終不變。

影分身術——媽祖只有一位，為什麼還分大媽、二媽、三媽……

媽祖只有一位，但是，一般媽祖廟裡卻通常會有許多尊媽祖像，而且似乎還有大媽、二媽、三媽等排行，其實，這是媽祖深受民眾信仰的表現……

「大媽鎮殿，二媽吃便，三媽出戰。」媽祖僅有一位，然而媽祖廟往往會雕塑分身供信徒祭拜、迎請，於是才賦予編號或名稱，以利於辨識，其中的排行，例如大媽、二媽、三媽等，通常就是依雕塑先後來排行，而各地的媽祖廟中各排行媽祖的分工，多半大同小異。

所謂大媽，通常是廟裡最早的媽祖——「開基媽」或「鎮殿媽」，主要在廟裡坐鎮，不外出遶境巡視，放置於大殿讓信眾祭拜。

至於二媽，雖然也長年鎮守在廟中，但由於百姓祈求的焦點多半放在鎮殿媽身上，顯得二媽沒有什麼特別的任務，祂享受人間煙火卻不太需要負什麼責任，所以二媽吃便（指撿現成便宜）。

三媽救苦出戰，通常為「出巡媽」，祂主要是以任務的不同來區別。

不過，媽祖分身的情況，每一間廟多少有些不同，如大甲鎮瀾宮「大媽坐殿、二媽吃便、三媽愛人扛、四媽閹尻川、五媽五媽會」、彰化南瑤宮「大媽四媽愛食雞、二媽五媽愛冤家、三媽六媽愛潦溪……」；通霄鎮白沙屯拱天宮則是「大媽進香、二媽遊庄、三媽作客」，相較於大部分媽祖廟進香或出巡都由三媽負責，一年一度的白沙屯媽祖進香，是由拱天宮的大媽（鎮殿媽）親自出門刈火的，比較罕見！此外，有些媽祖廟的爐主或信徒，還會請神像回去供奉等，那就會有更多的媽祖編號了。

有趣的是，編號不同的媽祖，有時候還各自有信徒組「後援會」，例如常見的「三媽會」，其他如「六媽會」也頗為活躍。

北港朝天宮五媽。北港朝天宮奉祀主神媽祖的神明會有祖媽金順盛轎班會、二媽金順安轎班會、三媽金盛豐轎班會、四媽金安瀾轎班會、五媽金豐隆轎班會、六媽金順崇轎班會。

開基神、鎮殿神、分身神

緣由	功能說明
開基媽祖	最初建廟時所供奉的神像，早期移民來臺，為了航旅安全，方便攜帶，多是小型媽祖神像。因為較為古老，保存較隱密。
鎮殿媽祖	多為廟宇重建時所造，為了鎮守廟堂，通常尺寸會較大，供信徒朝拜。
分身媽祖	為出巡、遶境之時使用而造，多放置於鎮殿神之周圍，廟方也會雕造許多分身，方便出巡。

同居神──到媽祖廟除了拜媽祖，還要拜哪些神明？

媽祖廟內除了主神媽祖，通常還住有其他神明，祂們究竟是誰？

寺廟奉祀神明，往往一座寺廟內有好幾尊不同神明的神像，其實這有一點將神明的世界「擬人化」，以為神界的組織與人間的社會組織相同，這種情況當然也出現在媽祖廟中，而且每間廟各有不同，本章以跟媽祖傳說、典故或其身分與媽祖較有關係的其他「同居神」為主。

媽祖兩旁的宮娥

通常來說，鎮殿媽祖的兩旁會有隨侍左右的宮娥，有祈福和護衛之意，目的在提升突顯主神地位。挾侍兩旁的宮娥有的拿扇子（見120頁），有的手持官印、玉璽或聖旨，甚至有些會戴官帽，象徵媽祖的莊嚴威儀，一方面也有代表官方的意思。

千里眼和順風耳

根據《封神演義》等神話，商紂王的兩位戰將中，高明為眼望遠方的千里眼，高覺為耳聽八方的順風耳（見69頁）。一般來說，千里眼是附在綠色桃枝，成為綠桃精（用綠、黑、藍等）；順風耳附在桃花，成了紅桃精。

不過，也有顏色反過來的，如北港朝天宮、臺中沙鹿鎮朝興宮的千里眼為紅色、順風耳是綠色（有種說法是，順風耳是水精將軍，五行屬水，使用藍、水藍或橄欖綠；千里眼為金精將軍，五行金火相乘，採用紅色），可見千里眼、順風耳的顏色並沒有一定，因此有人認為並不需要執著於神明顏色的外相。

雖然兩尊護法神在顏色會有不同，但要知道哪一尊是千里眼或順風耳，大致可以從造型、手勢來辨識，千里眼一手高舉額眉上方，彷彿觀看千里之遠方，順風耳則是一手在耳旁，有如聆聽八方之音。

十八神將與二十四司

媽祖的護法神眾，在中國湄洲媽祖廟為水闕仙班十八神將（見72頁），但在臺灣廟宇，不一定都有供奉完整的十八神將，而是以千里眼與順風耳為主，或是供奉海晏公（麥寮拱範宮）等代表神將，例如北港朝天宮在廟埕外的石欄杆柱上，聳立著東西南北四海龍王的石雕像，這也是出自媽祖水闕仙班中的十八護法神將的班底。

但是在泉州媽祖廟的護法神眾，則是配置輔助神「二十四司」（見73頁），鹿港天后宮就是根據泉州媽祖廟，將一些道教神祇納入了二十四司，可以看出鹿港早期已有泉州移民進入。

註生娘娘

媽祖在臺灣的地位由海洋之神轉職到護民之神，其中，養生、育子、祈福等也都和媽祖有著深厚的關係，因此媽祖廟常會同祀有註生娘娘。

註生娘娘俗稱「註生媽」，主管婦女產育，在閩、臺和潮汕一帶最受尊奉，通常會從祀婆姐，從十二位到三十六位都有。註生娘娘的造像，有些抱著嬰兒，有的手執簿本或持筆，象徵記錄家戶子嗣，每個婦女該生幾個兒子、女兒，都會記載在她的生育簿上。所以，只要她一查，就知道該讓婦女生男或女，或者是接受祈願而賜予子嗣。

以註生娘娘為主神的廟宇並不多，但許多奉祀其他主神的廟宇（例如觀音寺、媽祖廟、大道公廟等等）也都會奉祀，通常置於主神旁的廂房或偏殿。

主神和屬神

一般廟中所奉祀的神明，主要可分為主神和屬神。主神即主祀神，指的是該廟主要奉祀的神明，而屬神就是主神以外的所有神明，包含從祀神、同祀神和寄祀神三大類。

主祀神		寺廟中主要供奉的神明，有時可從廟名就知道主祀神是誰，例天后宮的主神是媽祖、天公廟的主神是玉皇上帝。此外，主祀神有可能不只一位，例如主祀五府王爺的話，主祀神就有五位。
從祀神	配偶神	神明的配偶，例如土地公和土地婆、城隍爺和城隍夫人，媽祖未婚就沒有配偶神。
	配祀神	跟主神同一個故事或傳說的神，例如媽祖的千里眼和順風耳、關公與關平和周倉、城隍爺配祀七爺、八爺。
	挾侍神	奉侍主神或為神明助手的神，例如媽祖兩旁的宮娥、觀音旁的金童玉女。
	分身神	廟裡祭祀超過一個同樣的神，例如媽祖就有大媽、二媽、三媽……
	隸祀神	主神們所共同有的屬神，例如門神、彌勒佛、伽藍爺。
同祀神		與主神沒有宗教上的關係，只是寺廟一同祭祀的神，例如媽祖廟裡可能會有註生娘娘。在同祀神當中，祀奉於正殿的神龕內的同祀神稱為「陪祀神」。
寄祀神		放在主神前的神桌，不是廟方主要祭祀的神，例如廢廟的神、民眾原本自家拜的神或流轉無主的神等等。

不過，也有人不把同祀神和寄祀神歸類為屬神，而是「客神」。

水仙尊王

水仙尊王（水僊尊王，僊為仙之古字）是中國早期的海神，為船員、漁夫所信奉，保護水上、海上的航行者。

水仙尊王的傳說，其中有一說跟媽祖有一些關係，認為水仙尊王是媽祖的五名從祀神，為民間的馮璿兄弟三人及蔡某、丁仲修等五人，但現在各地供奉的水仙尊王已有所不同，有些是善於治水的夏禹，以及伍子胥、屈原、李白等；有些是以「一帝二王二大夫」為五水仙，即：禹帝、奡王、楚王、伍大夫、三閭大夫（屈原）。不過，不論是什麼樣的排列組合，水仙尊王都是因為生平事蹟與水有關而被供奉，所以出現在媽祖廟中，似乎也是十分合理。

歷史博物館——為什麼說媽祖廟本身就是一件藝術品？

媽祖是臺灣一大民間信仰，各地奉祀媽祖的廟宇，不僅代表著百姓的虔誠、凝聚力，更是集結各種古文物、傳統工藝的殿堂，從大木作（木造建築的結構體，如雀替、瓜筒等）、小木作（非承重結構，如門窗、神龕等）、細木作（傳統家具，如櫥櫃）、剪黏、鑿花（大、小、細木作上的裝飾雕刻）、彩繪等等，都是許多大師、職人的傾力之作，值得細細欣賞。

臺灣有許多媽祖廟歷史久遠，因而保存了相當多具有歷史價值的古文物，簡直就像一間公開展示的歷史文物館，從皇帝賜匾到龍柱石雕、剪黏、交趾陶、木雕等藝術作品，除此之外，還有講述媽祖生平故事、顯靈事蹟的雕塑與彩繪，這些都是我們進入媽祖廟參拜的時候，可以好好欣賞的藝術品。

匾額

臺灣媽祖廟保存著許多感謝神恩的皇帝賜匾，這是因為清朝政府大力推廣媽祖信仰，無論是官設或民建，許多都獲得清朝皇帝御賜的匾額。

在臺南大天后宮就有上百個歷代匾額，從最早康熙的「輝煌海澨」，到雍正的「神昭海表」、乾隆的「佑濟昭靈」、嘉慶的「海國安瀾」、道光的「恬波宣惠」、咸豐的「德侔厚載」以及光緒的「與天同功」等，堪稱全臺御賜匾額之冠。

北港朝天宮媽祖神龕左右，左為王得祿平定亂事時，所敬獻「海天靈貺」匾額，右則為光緒皇帝御賜「慈雲灑潤」匾額，感恩當時因大旱祈雨，媽祖天降甘霖。很多古老的媽祖廟，都可見皇帝御賜的匾額，成為媽祖廟重要的古文物之一。

龍柱石雕

石雕為宮廟不可或缺的藝術品，其中又以龍柱石雕最受矚目。龍柱又稱「蟠龍柱」，指的是未昇天的龍，所以盤繞在柱子上。

臺南市開基天后宮的三川門口佇立的龍柱，是目前已知臺灣最早的石雕蟠龍柱，被認為應是明代時期的作品（早在康熙二十三年〔一六八四年〕准封媽祖為「天后」之前就已經完成），龍柱由花崗岩雕成，龍體若隱若現，以三爪降龍為紋，圓柱上有雲朵和火珠之浮雕，刀法樸拙簡練，渾厚有力，為石雕藝術佳作。

北港朝天宮正殿拜亭則有一對八角蟠龍石柱，形式古拙，為典型的清代中期龍柱之風格。其觀音殿前也有一對蟠龍石柱，是由泉州白石雕琢而成，上下渾然一體，蒼勁有力，龍柱上刻有「乾隆乙未年臘月敬立」落款，為乾隆時期臺灣龍柱藝術最高峰之代表作品，深具歷史價值。

剪黏

剪黏又稱「剪花」，是將素材混合塑成模型後，黏於灰泥表面（此稱為「淋搪」），但更早則是將瓷杯、碗、玻璃「剪裁」成需要的樣子，有了淋搪之後，剪黏中「剪」的部分就漸漸消失了），為華南民間所特有的嵌鑲式浮雕，由中國傳入臺灣。有些匠師會以交趾陶剪黏，不過交趾陶成本較高，因此大多會採用其他材料剪黏。一般來說，廟宇的屋簷都會有剪黏藝術。

嘉義縣新港鄉的奉天宮，屋頂大部分都是剪黏藝術作品，宮廟曾因地震受損，後來進行古蹟修護工程，歷經很多代優秀的剪黏師傅重新補修，有許多精緻的剪黏作品。

臺南麻豆的仁厚宮將媽祖造像的剪黏直接裝飾在廟頂中央，兩旁有宮娥陪侍，難得一見。

淡水福佑宮，保留陳天乞匠師以全玻璃剪黏之藝術作品，西施脊為雙龍搶珠，中央牌頭與兩道垂脊則有精彩典故人物。

臺灣唯一玻璃媽祖廟——彰化的臺灣聖護宮，集合了玻璃剪黏之大成，龍柱以玻璃拼貼成形，神龕則用一千四百片玻璃堆疊成玉山，將玻璃藝術工法加以超越、創新，發揮到淋漓盡致。

交趾陶

交趾陶源自唐三彩，是一種低溫彩釉軟陶，據說這門技藝早期並不是叫「交趾陶」，交趾陶的稱呼源自日本稱這門技藝為「交趾燒」，而臺灣的藝師多半稱之為「南淺」。

新港奉天宮為媽祖廟交趾陶剪黏藝術的代表之一，保留清末民初交趾陶「水車堵」（屋身檐下最上方的壁堵），交趾陶和剪黏匠師為洪坤福及傳承弟子歷經多代的作品，整座奉天宮猶如一座剪黏交趾陶文物館。

臺北松山慈祐宮重修三川殿脊時（三川殿就是前殿，又因寺廟大門為山川門，三川殿是進了山川門後第一個接觸到的，故又稱「山川殿」），將剪黏改為交趾陶作品，釉彩鮮豔豐富，福德正神乘坐麒麟交趾陶像安立在三川殿上，兩側鐘鼓樓塔頂矗立著千里眼及順風耳兩位將軍交趾陶像，此外五路財神、媽祖典故、三國演義歷史，廟內上百個作品皆由國內交趾陶製作專家葉星佑完成。

高雄楠梓天后宮的交趾陶藝術當中，較為特殊的是正殿的後檐，號稱有全臺最大型的文字交趾陶燒，內容為關聖帝君寶訓的《桃園明聖經》，為清朝咸豐時期的交趾陶作品，上方則排列典故人物交趾陶燒，三川殿及正殿燕尾屋頂，亦裝飾有龍鳳、魚花卉等剪黏與交趾陶燒等。

近期，雲林至善文化協會邀請交趾陶藝師完成交趾陶白沙屯媽祖及山邊媽神尊作品，其色澤和造型鮮豔，充分展現媽祖神韻，並贈給苗栗拱天宮，放置廟裡供信徒迎請，堪稱近代臺灣交趾陶媽祖藝術代表作品。

媽祖廟的屋簷常運用石刻、彩塑、剪黏等工藝，訴說神明典故或故事。

木雕

木雕藝術也是廟宇不可少的藝術作品，通常呈現在門神與樑柱。

基隆慶安宮媽祖廟以立體的木雕門神而聞名，至今已有百年歷史，吸引不少旅客參訪，慶安宮閣門後有八位門神，中門為祈福門神，左方的黑臉武將手持金鞭，呈怒目相，右方是威嚴的白面儒將，手執金鐧；兩側小門的門板侍神，龍邊門神手持官帽，虎邊門神端金元寶及壽桃，侍神宮娥捧著仙桃、香爐等，皆是樟木精雕而成。

鹿耳門天后宮也有一對木雕門神（秦叔寶、尉遲恭將軍），為千年樟木整塊浮雕再進行彩繪，高十二臺尺，寬四臺尺，厚一點二臺尺，雕工細膩，為臺灣少見一體成型的大塊浮雕藝術。旁門另有神官與宮娥造型，象徵升官發財與富貴吉祥。

北港朝天宮的三川殿，樑上斗拱有特殊的「趖瓜筒」和「螃蟹斗座」等造型，瓜筒上還有雕工精細的「錢鼠咬金瓜」，而螃蟹形斗座中，一隻見到背甲，一隻見到腹甲，有殼甲（科甲）之意，暗藏三元及第文字，皆為匠師典範之作。

屏東萬惠宮以雕刻藝術聞名，由兩位木雕大師精雕細琢，每個角落都充滿歷史故事人物，《封神演義》、《三國演義》、白蛇傳、八仙等情節都在其中，除了歷史典故，還有融合西方造型的前衛作品，一袒胸女天使搭配西裝男子，彷彿是天使與西方宗教傳教士，可說是集雕刻藝術之大成。

彩繪

彩繪藝術在廟宇很普遍，但擂金彩繪裝飾在臺灣不多見，為彩繪裝飾較罕見的藝術作品。

澎湖天后宮有極珍貴的擂金畫彩繪藝術，位於正殿神龕的左右兩側，並加裝有玻璃保護著，出自匠師朱錫甘之手，擂金畫的特色是，使用金箔粉（「擂」為將金箔篩濾成細粉末之動作）灑畫在尚未完全乾燥的黑漆底色上，難度技巧高，視覺華麗。

旗津天后宮的媽祖的神龕後貼為雙龍泥金畫與鳳凰、麒麟擂金畫，採泥金與擂金之繪作方式，有別於一般寺廟慣用的畫金或按金（貼金）方式，呈現低調柔和的黃金之美，為文化部認定之傳統工藝，是許良進所繪作。

媽祖廟裡特有的藝術作品

在媽祖廟裡，有關媽祖的生平故事或顯靈事蹟，會以石雕或彩繪方式，展現在廟宇內或周邊宮牆，讓信眾可以了解媽祖故事。

用石雕、彩繪說媽祖的故事

在這當中，以中壢仁海宮媽祖廟的石雕及彩繪最具代表性，仁海宮的宮牆浮石雕約有五十組媽祖事跡的作品，題名如：一家榮封、大士賜丹、天妃降世、祕傳玄學、機上救親、化草救商、降服二神、伏高里鬼、收服晏公、收服嘉應嘉佑、鐵馬渡江、湄山飛昇、托夢建廟、助戰破蠻、托夢除奸、火燒陳長五、擁浪濟舟、平大奚寇、神助漕運、琉球陰護冊使、神助得捷等。在每一幅浮雕作品下方，還會以詳盡的文字內容來介紹雕刻圖像，包括了媽祖一生的故事，到媽祖飛昇成道後、每個朝代有關媽祖的種種顯靈事蹟，可說是有關媽祖故事最完整的一套石雕藝術作品。不只石雕，仁海宮媽祖廟的牆面彩繪，也有精緻的媽祖生平故事，如湄洲飛昇、降伏二神、化草成木等，彩繪途中也有書法文字說明。

雲林斗南順安宮媽祖廟也有一大型「媽祖顯聖護海佑民」浮雕彩繪作品，牆高六公尺、寬十三．五公尺，為雲林縣地方最大浮雕彩繪，位在媽祖殿後方，畫面為媽祖率領四海龍王及護法神將出巡，保佑風調雨順。

臺北松山慈祐宮的媽祖故事石雕，於正門兩側有石雕作品「媽祖巡海」與「收服晏公」，牆面浮石雕立體鏤空透光；小港門門扇身堵則有「媽祖出世」，畫面為王氏側躺臥榻，產婆抱起誕生小兒，觀世音菩薩在雲端，表現媽祖降生的神聖；「托夢練武」可能是後人所延伸的構圖。更外側的龍虎門門扇身堵的「樂施捨」及「老道士授玄機」，則描述玄通道人至林家遇媽祖供養，因而教授玄通祕法（慈祐宮的三川殿開五門，由右至左依序分別是龍門、三川門〔小港門、中港門、小港門〕、虎門，中港門就是最中間的門，即正門、中門）。

在高雄蚵仔寮保安宮（菜園媽）內外也有關於水闕仙班的浮石雕壁畫，如「收伏宴公」、「除高里鬼」、「龍王來朝」等。

位在山區的彰化縣員林玉意宮媽祖廟，特別在宮廟的後方打造了五幅媽祖故事的交趾陶藝術作品，因為目前在臺灣交趾陶藝術創作的師傅已面臨失傳的危機，廟方希望將傳統交趾陶藝術文化，透過表現媽祖故事的藝術方式保留下來。

至於馬祖的媽祖宗教園區所陳列十二幅立體石雕雕塑，也都是以媽祖一生的故事為主題，述說媽祖從誕生到得道的過程，媽祖呈現不同時期的風貌，石雕作品線條流暢細緻。

媽祖梳妝樓

媽祖梳妝樓是另一個媽祖廟特有建築，湄洲媽祖廟與莆田文峰宮都設有媽祖的梳妝樓。臺南大天后宮媽祖梳妝樓內，有媽祖梳妝臺、床、盥洗臺等古家具文物，還典藏一座一百五十年歷史的媽祖神轎。除此之外，每年限時開放的持法媽祖宮，也設有一梳妝樓園區，建築設計精緻典雅。

看海——臺灣媽祖廟的座向大都是坐東朝西？

臺灣寺廟的方位，依神明不同而各有選擇，一般而言，帝后級廟宇以座北朝南居多，這是因為古時南面為主，但媽祖為了護佑海上行船，媽祖廟的座向大多是面向海洋，不過，也因為一些特殊因素而有例外，來看看媽祖廟有哪些座向吧！

臺灣媽祖廟座向坐東朝西或背山面水居多，除了守護海上船隻，也是早期移民喜用的方位，並且意涵著望向媽祖故里，因為臺灣媽祖神像最初多來自湄洲媽祖祖廟或其他中國媽祖廟。至於中國的媽祖廟，同樣為了使媽祖神像能朝向海洋護佑海上船隻，座向以座西朝東為主。

話雖如此，還是有一些例外。舉例來說，由於中央山脈地形的關係，宜蘭昭應宮最初建坐西朝東，面向大海，但到了道光年間，整座廟宇搬遷改建，據傳根據地理師風水建議，方位便改為坐東朝西，成為全臺罕見的「面山的媽祖廟」。

屏東東港的朝隆宮也是面向內陸而非向海，所以有「陸郊媽」之稱，相傳是因當時捐款建廟的東港商人，得到媽祖保佑，於是集合在地仕紳為媽祖蓋廟，讓媽祖面向陸地，建廟後漁民在附近發現櫻花蝦，地方收入增加，故朝隆宮媽祖有「蝦米媽」之稱。

在臺灣媽祖廟的座向中，較為特殊座向者，坐西朝東的有白沙屯拱天宮、茄拔天后宮、屏東慈鳳宮；而北港朝天宮則是坐北向南，還是典型的路衝廟宇，主要是建築方位運用了地理風水優勢，前明堂收逆水招財，背後玄武方為北港溪環繞抱身。

北港朝天宮的座向是坐南朝北。

雙向奔赴——媽祖護眾生，那誰來守媽祖廟？

全臺灣約有一千多座媽祖廟，雖然媽祖在臺灣落地生根有一部分政治上的因素，但如今百分之九十以上的媽祖廟都是民建廟宇，在民建廟宇多於官建或官資廟宇的情況下，基本上已經無法官派管理人進入廟宇來主持營運。

現今民間媽祖廟的營運，較多採取雙軌制度：在行政上，通常會有管理人或管理委員會；祭祀上，有擲筊選舉出來的爐主，而早期則多官方延聘管理人。

僧侶住持媽祖廟

依《安平縣雜記》所載，媽祖廟的僧人多半是清朝官方所延聘，清朝康熙在臺灣設一府三縣，官方延聘僧人來臺擔任寺廟住持，目的多以管理寺廟的事務和財產為主，所以，不論是官建或民造的媽祖廟，也多禮聘僧侶為住持。

早期許多媽祖廟在創立之初，是由僧侶擔任媽祖廟住持，例如北港朝天宮、臺南大天后宮、大甲鎮瀾宮、松山慈祐宮、關渡天后宮、新港奉天宮、豐原慈濟宮、西螺福興宮、麥寮拱範宮、朴子配天宮、新莊慈祐宮等等，很多都是由臨濟宗禪師以分香來臺建廟。正因為臺灣早期媽祖廟多以僧侶為住持，所以臺灣很多的媽祖宮廟承襲了佛教儀制和儀軌。

北港朝天宮自康熙三十三年（一六九四年），由臨濟宗高僧樹璧和尚所創建，歷代都是禪門臨濟宗僧侶住持。日治時期，當局將寺廟納入行政系統管理，成立管理委員會，取代了僧侶系統，儘管如此，至今廟方仍然聘請佛教僧侶擔任駐廟法師，保留三百多年來僧侶住持的傳統。

僧侶公墓碑

北港鎮劉厝里的北港第一公墓，俗稱「媽祖湖公墓」，墓區安葬北港朝天宮媽祖廟的歷代住持高僧。每年清明節，朝天宮法師和執事會前往祭奠。

大甲鎮瀾宮的僧侶住持始於清朝乾隆期間，從中國聘請臨濟宗僧侶來擔任，一直到管理委員會組織成立，鎮瀾宮僧侶系統才結束。

臺南大天后宮於明寧靖王時期，原本就是佛教僧人住持的寺院，施琅攻臺後，將佛教寺院改為媽祖廟，從泉州延請禪門臨濟宗禪師擔任第一代住持和尚，之後歷代多是禪門臨濟宗僧侶，日治時期還一度與日本曹洞宗僧侶合作。由此可知，臺灣媽祖廟與佛教僧侶的關係密切。

爐主制度

早期臺灣百姓未必有能力建廟，於是採輪流供奉媽祖香火的方式，在不同信徒的住處或設立臨時的宮壇，輪值時間約一年。當年主導祭祀神明事宜的負責人，即為爐主，負責主辦該年度的各項祭祀事務，成為媽祖廟爐主制度的來源，其中以「雲林六房媽過爐」為最具規模的代表。

擔綱爐主，通稱「福頭」，即與神明有緣的福氣之人。過去，爐主會到家戶收取丁口錢（福分錢）來籌措祭祀費用。爐主制度的媽祖信仰，通常是早期在當地各庄各鄉所發展出來。爐主制度可以說是臺灣媽祖信仰中非常具有在地特色的一種文化傳承，也讓鄉鎮之間有了聯繫的橋樑。

專責管理

直到民國以後，媽祖宮廟才逐漸轉成民間組織管理，各自建立宮廟管理委員會組織。近年來，媽祖廟多轉為財團法人或成立管理委員會，由專人長年管理、募款與經營，僧侶住持與爐主，則漸漸成為一種象徵意義。

全臺唯一由軍方管理的媽祖廟——進安宮

擁有全臺唯一Q版海軍媽祖的北方澳進安宮媽祖廟，是全臺唯一由軍方管理的媽祖廟。一九七四年居民依政府龍淵計畫遷村到南方澳，原地規劃為海軍中正基地，但經擲筊，媽祖不願跟著遷廟，於是留在基地內，形成軍港內依舊供奉著媽祖的特有情形。

為什麼每次遷廟，媽祖總是要留在原處護守呢？其實，不想動的媽祖，象徵著媽祖慈悲的分身分靈無所不在，祂護佑著每一個角落。

朝聖——想要親近媽祖，究竟要往哪兒走？

除了認識媽祖、學習其精神、參加進香或遶境，我們一般還可以實地參訪媽祖廟，濡沐媽祖對世人的愛與關懷。

根據內政部統計，臺灣登記有案、主祀媽祖廟宇已超過一千座，如果再加上沒有登記在冊的神壇，或許數量會更多……

第一媽祖廟

臺灣媽祖廟有著許多特色，歷史最悠久的澎湖天后宮、第一官建媽祖廟臺南祀典大天后宮、名氣最響亮的大甲鎮瀾宮、最具歷史地位與規模的北港朝天宮等，這些代表性的媽祖廟，可以看到臺灣媽祖廟的不同特色。

歷史最悠久——澎湖天后宮

澎湖天后宮早初稱為「媽祖宮」，又稱「媽宮」，所以成了「馬公」地名由來。

澎湖天后宮為全臺歷史最悠久的媽祖廟，目前是國定一級古蹟。相傳最早是因為元世祖遠征日本的時候遭遇船難，夢見媽祖顯靈，次年，元世祖便在澎湖立天妃宮，設澎湖寨巡檢司。

史蹟「沈有容諭退紅毛番韋麻郎」花崗石碑（高一百九十四公分、寬二十九公分），為臺灣現存最古老的石碑，有「臺灣第一碑」之稱，記載明神宗萬曆年間，當時的守將沈有容率艦諭荷蘭侵略軍退

荷蘭人歐弗特．達波所著之《第二、三次荷蘭東印度公司使節出使大清帝國記》中的媽祖插圖，推測畫的是澎湖天后宮，媽祖的左右二旁站了千里眼、順風耳。

出，收回澎湖領土之事蹟。至於《天妃顯聖錄》所提及的媽祖在澎湖顯靈之事，則是發生於清朝康熙年間。

廟宇石柱取材在地的玄武岩所刻鑿，保存許多精緻的宮廟雕刻彩繪，例如正殿的擂金畫（見203頁），三川殿的屋簷有一對四爪龍，中間是麒麟背八卦。正殿神龕內為金面媽祖，清朝敕封媽祖為「天后」、賜「金面」，廟名改為「天后宮」。

第一個官建媽祖廟——臺南祀典大天后宮

臺南大天后宮是全臺最早官方興建，建於清康熙二十三年（一六八四年），並列入官方祀典的媽祖廟，春秋古禮祭典仍延續至今。

在所有媽祖廟中，臺南大天后宮是一個極具政權象徵意義的廟宇，它原本為南明寧靖王府邸，寧靖王府創建於南明永曆十七年（一六六三年），象徵明鄭時期政權中心，但清朝施琅攻臺後，改建天妃宮，還特別立了一個「平臺紀略碑」，宮廟後殿原為寧靖王之齋房，據說就是寧靖王和五妃上吊自盡的地方。此外，清朝皇帝多次賜匾，原因多與平定內亂有關，因此，此處也代表著清朝政府對臺灣政權的掌握。一直到臺灣割讓日本後，此處曾經為短暫的抗日基地，到日軍攻臺後，日本政府接管，一度由日本曹洞宗僧侶主持廟務，後來又由三大商業公會（府城三郊）負責。二戰後經多次翻修，臺灣光復後，漸漸制度化管理。

臺灣本島最古老三大媽祖廟

◆**臺南開臺天后宮：**臺南安平開臺天后宮所供奉的媽祖，於明永曆十五年（一六六一年）隨船護佑鄭成功率舟師來臺，從湄洲嶼媽祖廟中迎來軟身媽祖，此說在日治時期的〈請求安平天后宮給還書〉內文出現。不過，清朝方志未明確記載創建年代，只說原本為「天妃宮」，位在安平鎮渡口；一直到昭和八年（一九三三年）的《臺南州祠廟名鑑》才記載，安平開臺天后宮自永曆二十二年（一六六八年）建廟。

◆**基隆和平島天后宮：**又稱「社寮媽祖間」，創建年代不詳，據文獻記載，於清乾隆十二年（一七四七年）被封賜為「大雞籠港口天后宮」，並曾擁有一塊明朝萬歷年間的「海波不揚」匾額，據傳媽祖預知海嘯，顯靈救了當地居民，遂頒此匾額，推算應有三百年歷史。明末西班牙、荷蘭人先後占據和平島，常有倭寇海盜出沒，據說某次海盜在湄洲迎奉媽祖金身進入此處，離開時船錨拉不動，向媽祖問筊，諭示留在島上，經居民膜拜，船隻始得啟航。

◆**新竹香山天后宮：**新竹香山天后宮為香山地區五十三莊重要信仰，自康熙二十二年（一六八三年）閩臺往來商旅，從莆田縣湄洲媽祖祖廟奉來媽祖神像、大銅鐘與香爐，到乾隆三十五年（一七七〇年）才於現址建立天后宮，在道光五年（一八二五年）重建。香山天后宮廟前原為香山港，為清代重要的港口之一，香山到新竹西門為在地的官道，今廟埕前遺留部分古香山港堤防，可見證當年商港歷史。

名氣最響亮——大甲鎮瀾宮

大甲鎮瀾宮每年度遶境進香活動可說是紅到全世界，規模總是一再刷新過往的紀錄。大甲鎮瀾宮最初為供奉來自湄洲媽祖分身的小祠，原本也只是臺中大甲一帶信仰中心，近年來隨著國際化，全年香火鼎盛，來自海內外各地的信徒絡繹不絕，除了在地宗教觀光產值相當驚人，還有著濃厚的政商背景色彩，每年到了選舉，政商雲集，是政治人物必造訪參拜的宮廟之一。

大甲鎮瀾宮於西元一九七八年管理委員會改組，成立財團法人，組織董監事會，開始各項建設並設有一千八百坪的文化大樓，內設有媽祖文物展示廳、圖書館、中小型會議室等。一九九三年，廟方引進電視臺實況轉播大甲媽祖遶境進香，躍上國際，吸引了全世界的目光。除此之外，廟方也積極於發展兩岸宗教文化的交流活動，具有良好的兩岸關係。

一九九九年，大甲鎮瀾宮與臺中縣政府配合，首次舉辦三月迎媽祖臺中縣媽祖文化觀光節，逐漸打開國際觀光市場，擁有海內外高知名度。配合著文化觀光的宣傳與文創，大甲鎮瀾宮遂成為全臺名氣最響亮的媽祖廟，同時也具高度國際能見度。

最具歷史地位與規模——北港朝天宮

北港朝天宮在臺灣媽祖廟的歷史發展中最具有歷史地位與規模。在清朝時期，因地處港灣而逐漸發展，因其地利之便，即使在日治皇民化運動下，北港朝天宮依然保全，成為全臺媽祖信仰中心——是當時媽祖廟的總本山（總本山即祖廟）；戰後，北港朝天宮依然是各地分靈的祖廟，可見北港朝天宮在媽祖廟界的地位。

北港朝天宮最初開始於康熙三十三年（一六九四年），臨濟宗禪師樹璧奉湄洲天后宮神像來臺，經過北港（笨港），據聞他在古井旁休息，欲起身離開時，媽祖像竟然拿不起來，擲筊以後，媽祖指示祂將留於此地，於是供奉在低簷矮屋下，之後屢經地方信眾捐地建廟，規模逐漸擴大。據說朝天宮媽祖神像座就是當年的那口井，所以有「井上媽」之稱。除此之外，廟內還流傳著一個「孝子釘」的故事，展現孝心感天的意義，目前孝子釘仍可見於觀音殿前的石階中央。

孝子釘

清道光年間，福建泉州有一蕭姓孝子，家貧，其父隻身來臺謀生，久無音信，孝子年幼思親，乃隨母渡海尋父。

既至，欲涉水登岸，不幸同遭急流捲失，孝子倖由漁夫救回，乃決意尋找父母下落。後聞悉北港朝天宮聖母靈驗，遂參宮奉香拜禱：「聖母如肯庇佑尋得父母，鐵釘當能貫入石中。」禱畢，即取一鐵釘釘入堅石，見者稱奇，因名「孝子釘」。後不久，果於商人處得知其母為一小船救起，母子得以重逢，旋又於其表兄處探知蕭父下落，乃相偕前往團聚，骨肉相見恍若隔世，而此孝心動天之事，遂風聞遐邇矣。

北港朝天宮歷代都是僧侶住持，迄今仍然延續此傳統，多以佛教的儀軌舉行法會，為其特色之一。宮廟歷經多次增建與重建，建築藝術豐富而多元，三川殿彫琢細膩，保存許多重要文物古蹟。朝天宮歷史悠久，目前仍是各地媽祖廟進香朝聖之地。

開基媽祖——鹿耳門天后宮

鹿耳門天后宮以供奉鄭成功率軍進入鹿耳門港時的「開基媽」而聞名，代表國姓爺有媽祖的神助，驅逐荷蘭人，收復臺灣（見83頁）。

鹿耳門天后宮最大特色之一，是廟內設有鄭成功文物室，保存了明朝鄭軍銅盔、將官盔甲及戰袍、古刀、荷蘭手槍、鄭成功神像二尊，以證明其歷史之悠久。

臺灣本島媽祖首廟之爭

關於臺灣本島媽祖首廟之說，有幾種不同的說法：北港朝天宮廟是由清朝樹璧和尚，於康熙三十三年（一六九四年）帶來一尊湄洲媽祖，開始至笨港建祀；位於彰化鹿港的興安天后宮（興化媽祖宮）於廟名前冠上「開臺」，稱創建於清康熙二十三年（一六八四年），自清代福建省興化府奉請媽祖香火來臺建廟供奉；鹿耳門天后宮則指稱是早在明朝鄭成功來臺的年代——明永曆十五年（一六六一年），但現在臺南鹿耳門媽祖廟都是後來又改建，已非原始位置。

哪一座才是臺灣古鹿耳門媽祖首廟？

鹿耳門媽祖為明朝鄭成功登入時所供奉的「開基媽」，但最初的古鹿耳門媽祖廟，也就是鄭成功登入時所供奉的位置，因為清朝晚期曾多次毀於洪水，後來又遷地，重新改建。至於遷於何處？目前，臺南有兩座廟都主張是傳承自最早的古鹿耳門媽祖廟所遷移改建，一座位於臺南市安南區顯宮里的鹿耳門天后宮；另一座位於安南區土城的正統鹿耳門聖母廟，占地四十公頃，宮殿巍峨壯麗，號稱東亞建築規模最大的媽祖廟。兩宮廟都供奉著明代的媽祖神像（正統鹿耳門聖母廟也宣稱供奉著明代軟身媽祖，據史家鑑定約為明朝〔一三六八年至一六四四年〕的作品）。因此，古鹿耳門媽祖首廟目前有兩座廟來傳承。

「開基媽」之名，以「鄭成功登陸地點紀念碑文」為依據，紀載著明永曆十五年（一六六一年）四月，延平郡王鄭成功率軍艦抵達鹿耳門港外，其最初登岸處為北汕尾嶼所搭建的小廟——隨艦媽祖神尊的鎮駐處，為臺南市安南區鹿耳門天后宮的前身，但一直到清康熙五十八年（一七一九年）才由朝廷百官集資擴建天后宮。

鹿耳門天后宮的開基媽為萱芝（紫檀）所雕塑，材質千年以上，以明代后妃造型呈現（見182頁），坐像高一尺三寸，九龍身，八獅座椅，龍袍上龍目鑲綠寶石，雕刻手法歷史久遠，堪為稀世奇珍。此外，龍柱、門神、屋脊剪黏藝術、藻井、獅子拱柱等皆保存精緻宮廟藝術。

最高大的媽祖坐姿像——竹南后厝龍鳳宮

位於苗栗縣竹南鎮的龍鳳宮，俗稱「后厝媽祖廟」，以高達一百三十六臺尺（四十五公尺，十二層樓高）的「大媽祖」最受矚目，號稱世界最高的媽祖坐姿塑像，耗費三年建成，於一九八四年正式開光陞座。大媽祖頭戴九垂雙鳳冕旒，身著五爪金龍披橘袍，由薪傳獎大師林增桶設計規劃，全尊以樹脂加玻璃纖維為模，水泥澆灌塑造，造型柔美順暢。塑像內部設有圖書館、文物館、美術館、音樂館及診所等。

此外，廟內有龍泉井，據說早期瘟疫流行時，出現可醫治百姓的泉水。春節期間，信眾可以走過石材所打造的彩雕七星橋。此宮廟最初為清初福建漁民奉湄洲媽祖香火，於竹南海濱小廟奉祀，原始信仰轄區五十三莊，之後由村民捐地建廟，正式命名為「龍鳳宮」。

最高花崗岩石雕媽祖站姿像——後龍清海宮

位於苗栗縣後龍鎮的後龍清海宮，佇立了一尊高達三十二．二公尺手持奏板的媽祖石雕像，使用二百六十六塊花崗岩雕刻而成，於二〇一六年落成，迎著海岸眷顧遠方海洋出航的船隻，遙望湄洲媽祖出生之聖地，媽祖像身後還有火車鐵道。

清海宮建廟緣由有「一套冠袍」傳奇故事，當年，海防官兵在海灘上發現一木箱，內有媽祖帽冠、龍袍以及順風耳、千里眼，居民視為神蹟，信眾爭相膜拜，並相繼傳出靈驗故事，因而建廟。

當時西湖五龍宮改建工程的包商來此查看，才發現媽祖袍冠及神像為當時五龍宮改建時所運出。兩間廟宇淵源甚深，都供奉媽祖婆，前來參拜、進香的信眾絡繹，香火鼎盛。

苗栗西湖五龍宮

苗栗西湖鄉的五龍宮建於清同治十一年（一八七二年），因後方山勢有如五龍飛躍，村民稱其為五龍山，山下的廟宇則稱為五龍宮。五龍宮聖母橋的後方，龍洞溪畔佇立一座媽祖石雕神像，為西湖鄉著名景點地標，基座以一百六十一塊青斗石所砌成，媽祖高二十一．六六公尺，為廈門大學藝術學院的副院長李為祀所設計，在一九九九年由廈門運抵臺灣，於同年十二月十九日舉行開光大典。

最高青銅媽祖神像——新屋天后宮

桃園新屋天后宮為道光六年（一八二六年）所創建，原名「聖母祠」，為北港朝天宮分靈，經重建後改名「天后宮」。新屋天后宮最著名的是青銅媽祖神像，高約三十公尺、重約一百二十噸，因某次內殿大火，十二尊媽祖及千里眼、順風耳等神像皆付諸一炬，被認為是護法神尊高過媽祖，不符合主僕倫理，因此上天要廟方重新雕塑寶像，自一九九九年動工興建，歷經兩年餘，二〇〇二年一月三日，媽祖青銅像正式開光，成為地方上著名之景觀地標。

媽祖神像材質與高度比一比

地點	高度	材質	落成時間
澎湖媽祖觀光文化園區	四十八公尺	經焊接、上漆及調色等組裝而成的「銅」製媽祖像（立姿）	二〇二三年
苗栗縣竹南鎮龍鳳宮	四十五公尺	樹脂加玻璃纖維模，水泥澆灌塑造（坐姿）	一九八四年
中國天津濱海媽祖文化園區	四十二・三公尺	「大理石和鋼筋混凝土建造」的媽祖聖像，由八百五十八塊巨石拼接而成（立姿）	二〇一六年
苗栗縣後龍清海宮	三十二公尺	使用二百六十六塊花崗岩雕刻而成（立姿）	二〇一六年
桃園市新屋天后宮	約三十公尺	青銅製媽祖像（立姿）	二〇〇二年
馬祖島南竿媽祖宗教園區	二十八・八公尺	「花崗岩石」媽祖像由三百六十五塊花崗岩為主結構興建（立姿）	二〇〇九年
南投草屯朝清宮	十一・九公尺	「純銅」鑄媽祖神像（坐姿）	二〇二二年

最高室內樟木雕刻媽祖——士林慈諴宮

慈諴宮的前身為芝蘭宮，始建於清嘉慶元年（一七九六年）。一九九三年，慈諴宮進駐樟木精雕媽祖神尊供奉，身高三．八五公尺（據《八芝蘭大事記》），號稱世界最高室內單棵樟木雕媽祖。鎮殿媽祖因被香煙燻黑，又以擂金的方式恢復其金面的聖容。三川殿門面全部由石雕砌成，為臺灣古廟所獨有，中殿廊還有清光緒年間的蟠龍八角柱，實為珍貴古物。慈誠宮也是臺北市唯一正前方保有三座戲臺的廟宇。

全臺皇帝敕封最多——朴子配天宮

嘉義縣朴子配天宮最有名的，就是以樸仔樹雕刻而成的「搬不動的媽祖」，這個故事源自康熙二十一年（一六八二年）：

當時，一位篤信媽祖的信徒從湄洲祖廟恭請媽祖神像回家供奉，經過朴子溪畔的時候，於千年的樸樹下稍事休息。當他準備重新啟程上路時，媽祖卻重如泰山，無法搬動，經過擲筊請示後，媽祖指示將永駐此地，於是之後信眾一起建廟於此樹下，原名「樸樹宮」。動工時，媽祖指示可以樸仔樹雕刻媽祖金身，信徒於是截下樸仔樹上半段，雕刻成如今的朴子配天宮的鎮殿媽，其下半樹根仍盤結於地下，成為一大奇觀，因此被譽為「搬不動的媽祖」。

其廟內保存有全臺唯一皇帝詔封的虎爺，身穿龍袍；千里眼、順風耳護法由天子敕封，也是全臺唯一戴官帽、穿官服的將軍。除此之外，嘉慶皇帝御賜燈花也是全臺唯一，以及康熙皇帝御用金杯筊。

最為古老「船仔媽」與龍柱——開基天后宮

臺南開基天后宮，宣稱是南明永曆十七年（一六六三年）鄭成功軍隊攻下赤崁樓後，於當時水仔尾所建的第一座媽祖廟，故以「開基」冠稱，俗稱小媽祖廟，相對應於俗稱大媽祖廟的臺南祀典大天后宮而來。

廟中供奉的媽祖像，可溯至明代，乃隨鄭成功部隊坐船渡海來臺的最古早「船仔媽」，極為罕見，其背身刻有「崇禎庚辰年」（一六四〇年）字樣，因此又稱「崇禎媽」，甚為貴重，並未擺設於神壇供信眾參拜，廟方另外收藏，於農曆三月媽祖誕辰，廟方才敦請出來予以信眾崇拜。此外，三川門口的兩龍柱，是目前臺灣已知最早花崗岩石雕蟠龍柱，被認為是明代時期石雕龍柱之佳作。

第一進香團——彰化南瑤宮

彰化南瑤宮，俗稱「彰化媽」或「南門媽」，約在清朝乾隆年間，建於城南門外，又稱「外媽祖」；位在彰化城東門口的彰化天后宮，則稱為「內媽祖」。香火鼎盛，屢屢靈驗，而有「彰化媽蔭外方」之名。

彰化南瑤宮笨港進香團，可稱是臺灣大型徒步進香團之鼻祖，號稱「臺灣第一進香團」，從嘉慶十九年（一八一四年）即有記載，約有二百多年歷史，至今仍延續不絕。彰化南瑤宮的起源與嘉義縣笨港天后宮有一段故事，據《彰化縣志》記載：「……一在邑南門外尾窯，乾隆中士民公建，歲往笨港進香，男女塞道，屢著靈應。」最初為笨港一位工人楊謙，攜帶媽祖香火到彰化縣城南門外應募瓦窯工事，楊謙經常將香火掛在工寮，一入夜，附近居民就見到五彩毫光，認為是神明顯靈，於是供奉於福德廟內，地方集資塑媽祖像，並且倡議建廟，取縣城南門之「南」與瓦瑤莊的「瑤」，定名為「南瑤宮」。

笨港天后宮

嘉義縣笨港天后宮，又名笨南港天后宮，位於新港鄉南港村，為彰化南瑤宮笨港進香團舉行「換龍袍」的地點。笨港天后宮肇建於清康熙五十二年（一七一三年），最初是座落在笨南港街的「街尾」處，今福德堂右側。雍正年間，楊謙工人攜帶香火，夜現神光，乾隆初年，彰化地區信眾創建「南瑤宮」，信徒稱笨港天后宮為「祖家媽」，此後，南瑤宮笨港進香，來此舉行換龍袍（南瑤宮進香帶新龍袍，給笨港天后宮媽祖換裝）之禮，沿襲至今。

第一尊寶石珊瑚媽祖——南方澳進安宮

位於宜蘭南方澳，進安宮的創建，是經由擲筊後，依媽祖指示在南方澳重新修建一座進安宮，鎮殿媽祖則留在原廟（即海軍媽祖廟——北方澳進安宮，見212頁）。

新建的南方澳進安宮的最大特色，是採用珊瑚寶石與黃金，打造出全世界獨一的「寶石珊瑚媽祖」，珊瑚媽祖高四尺八寸（約一．四五公尺）、總重量達六百公斤，是雕工精細、莊嚴慈藹的媽祖像。之後，由於南方澳海難頻傳及斷橋事故（二〇一九年十月一日），寶石珊瑚媽祖托夢，需安奉新的石雕珊瑚媽祖，新神像以寶石珊瑚媽祖造型比例放大，高三．八八公尺、重量五噸，以青斗石雕刻，名「石雕珊瑚媽祖」，安座在進安宮右側戶外，供信眾敬拜。

最早打造黃金媽祖——南方澳南天宮

位於宜蘭南方澳的南天宮，集木、玉、金的媽祖於一廟，實為全臺少見。一樓供奉樟木雕的媽祖，二樓供奉玉雕媽祖，三樓供奉純金打造的媽祖。

南天宮最初是以南方澳後山取材大樟樹刻成媽祖神尊，後來發生進豐三號走私事件，引起不小爭議，卻意外帶來了五尊湄洲軟身媽祖神像。之後，廟方為擴建捐募基金，採購二百零三點八公斤純金，由二十幾名師傅打造六尺三寸高的金媽祖神像，於一九九五年九月十日安座，為全臺最早打造黃金媽祖的廟宇。高一尺三、二十公噸玉石雕刻而成的翠玉媽祖，則為東臺灣唯一翡翠媽祖。

最早的「梳頭媽祖」——彰化市天后宮

位於彰化市天后宮，為官建的媽祖廟，稱為「彰化內媽祖」，供奉二尊於清康熙時期自湄洲渡海來臺的梳頭媽祖，為目前全世界最早有真頭髮的梳頭媽祖。每年媽祖聖誕，較為特殊的儀式是廟方會替媽祖梳理頭髮，「梳頭媽」平時不對外開放，梳頭儀式也只能由廟方的人員負責。目前天后宮供奉的大媽、二媽二尊梳頭神像，可稱是目前全世界年代最久遠的梳頭媽祖。

最大規模的海巡媽祖——林園鳳芸宮

高雄林園鳳芸宮媽祖為全臺聞名的「海巡媽」，號稱全臺最大規模海上巡境媽祖。由於當地居民自古以海維生，媽祖為漁民心靈支柱，於百年前即有媽祖海巡的習俗，當時規模僅有幾艘漁船，至今演變成四年一科方式舉辦，林園鳳芸宮的海上巡香遶境，以漁船搭載神轎，龐大船隊航行至臺南安平地區的靈濟殿及開臺天后宮會香。

鳳芸宮的創建，相傳是清光緒十二年（一八八六年）有一艘來自廣東潮州南澳島的貨船翻覆，船客抱著媽祖金身平安抵達灘頭，為感恩媽祖庇佑而搭寮供奉，後集資興建鳳芸宮，成為林園中芸地區的信仰中心。

後山最大媽祖廟——花蓮港天宮

花蓮港天宮目前廟地有五千多坪、建地一千五百坪，為後山規模最大廟宇。初始於清朝嘉慶年間，莆田林姓祖先自湄洲媽祖廟奉請大媽金尊渡海來臺奉祀，後由簡姓市民供奉。一九五一年，花蓮發生大地震，因為有媽祖鎮壓地震，拯救了無數居民，於是地方人士發起鳩資建廟，擇定港天宮現址，一九七七年正式動工興建。港天宮建築特色，是在前殿兩邊有大型龍梯，可升至三樓，極具特色。其鄰近花蓮火車站，附設香客禪房與餐廳、停車場，可供香客膳宿，除了信眾參訪，近年也成為背包客旅遊花蓮時住宿的選擇。

第一間「韓國媽」——蘆竹慈母宮

位於桃園蘆竹區慈母宮，二〇一九年十一月十五日舉行入火安座大典，為第一個由韓國籍女子發起建立的臺灣媽祖廟，被視為全臺唯一的「韓國媽」。韓國籍婦人朴婕瑀受媽祖感召成為媽祖信徒，曾經歷一場嚴重車禍，但奇蹟似的平安渡過，為感恩媽祖保佑，於是發願幫媽祖籌地建廟，從北港朝天宮迎請媽祖分靈。雖然當時身上僅有三十元積蓄，她賣屋貸款籌建媽祖廟，一步一腳印慢慢籌資，終於在信眾捐款支持下，購地建廟完成。

唯一媽祖廟

臺灣唯一媽祖廟，「唯一」包括了歷史上的唯一（世界僅存湄洲媽祖）、全臺唯一的媽祖造像特色，以及臺灣近代創新的唯一，這些包括了玻璃製成的媽祖廟、螺絲媽祖、竹編媽祖等，可以看出臺灣媽祖文化的傳承與創新。

唯一聲稱有媽祖靈穴、全臺唯一少女媽祖像——馬祖境天后宮、金板境天后宮

馬祖因媽祖而得名，「媽祖在馬祖」刻於島上，使媽祖成了馬祖的代言神明，位於馬祖南竿島西方之馬祖港邊的媽祖宗教文化園區，包含馬祖境天后宮、媽祖巨神像、朝聖步道。

馬祖境天后宮又稱為馬港天后宮、南竿媽祖廟，為島上媽祖的信仰中心，供桌前方雕刻鳳紋的石棺，更是全世界唯一的媽祖靈穴石棺，相傳便是媽祖聖體安奉之處，屢傳媽祖顯靈神蹟；媽祖巨神像由三百六十五塊花崗岩建造而成，象徵一年三百六十五天，媽祖天天護佑平安，高度二十八・八公尺。

馬祖還有金板境天后宮，又稱鐵板境天后宮，相傳是清嘉慶年間的大海盜蔡牽為求神明庇佑修建，供奉著全臺唯一罕見之少女媽祖造型的泥塑神像。

世界唯一玻璃廟宇——臺灣聖護宮

臺灣聖護宮為世界獨一無二的玻璃媽祖廟，仿清朝鹿港天后宮原貌，聯合一百三十多家玻璃業者共同精心打造，歷時五年，於

法國作家兼插畫家德利爾（Charles Dominique Maurice Rollet de l' Isle）所著《東京（北圻）與中國海》之插圖：馬祖島上的廟宇，推測可能是一八八四年時的馬祖澳天后宮（後來的南竿馬祖境天后宮，是一九四三年重建的）。

二〇一二年入火安座，約使用七萬片玻璃，融和玻璃熱塑、窯燒、彩繪、堆疊等技法，結合多元臺灣元素，白天陽光透過玻璃灑落，空間明亮，入夜後搭配十萬多顆LED燈，璀璨耀眼。

整座玻璃廟使用金屬夾具來固定，運用新科技玻璃的加工技術，從建造手法到裝飾藝術，令人嘆為觀止。廟宇建造跳脫傳統廟宇建築，包括神像、神轎、媽祖船等，皆以玻璃打造，展現出臺灣在地玻璃產業工藝的結晶，以及寺廟建築技術的創新。

媽祖神像身後背景，玻璃拼成立體的玉山，層層堆疊，寓意「臺灣之最」，雄偉壯闊。大殿正上方，由二十四組斗拱所組成，是全臺跨距最大的八卦藻井。大殿中的天池能調節溫濕度，還兼具潔淨功能，成為水晶池的奇幻美景。

東臺灣唯一的媽祖官廟——臺東天后宮

臺東天后宮，又稱埤南天后宮，位於臺東市，為臺灣清朝最後所立的官廟，也是東臺灣唯一的官廟。光緒十七年（一八九一年）落成，光緒皇帝賜頒「靈昭誠佑」匾額。根據〈埤南天后宮碑記〉所記載，起建緣由乃大庄事件（又稱卑南番亂）平定後，清代官兵為感恩媽祖庇佑，於光緒十五年（一八八九年），與地方士紳一起捐俸建廟。

廟中立一處「靈泉井」碑石，據聞是當時清朝提督張兆連焚香求告媽祖，媽祖顯靈，讓軍隊掘得井水，於是立靈泉井碑，此碑石為臺東縣第一件公告的古物，今安座於廟內的昭忠祠。

世界僅存湄洲開基媽祖——鹿港天后宮

施琅於康熙二十二年（一六八三年）迎請湄洲媽祖來臺，神像留在鹿港，號稱臺灣最早奉祀湄洲開基媽祖的廟宇。

據說為湄洲開基媽祖六尊神像之一，其他五尊因文化大革命等因素而損毀，世界僅存「鹿港天后宮」此尊，因而更顯珍貴，可見其地位。媽祖原為粉紅面媽祖，因香煙薰成黑面，所以又稱「香煙媽」。

鹿港天后宮前身為鹿港天妃廟，俗稱「媽祖宮」或「舊祖宮」，原廟建於明末清初，於現址的北側三條巷（古地名為「船仔頭」），據說於明萬曆十九年（一五九一年），當地民眾為祈求商船往返海上平安，集資建造鹿港天妃廟，後來隨施琅護軍來臺的湄州開基媽便留於該廟。舊廟改建遷至現今的廟址，至今已有四百多年。

世界僅存的湄洲開基天上聖母在鹿港天后宮。

世界僅存唯一媽祖真髮——新竹長和宮

新竹長和宮內的媽祖神像，為二百七十多年前自湄洲恭請來臺，相傳所鑲的頭髮中有一撮為默娘遺世前的真髮，經過科學化驗，也證實為真人頭髮。

據說林默娘仙逝之後，留有頭髮一束，後來這一束頭髮分為三等份，製作成三尊軟身媽祖。原「大媽」神尊在湄洲祖廟，已燬於文化大革命；第二尊「二媽」流向南洋，已不知去向；至於第三尊「三媽」，就是現在臺灣新竹長和宮所供奉的媽祖，又稱「湄洲祖廟正三媽」。

新竹長和宮現在還存有當初一同來臺的神轎、奏板，鳳冠霞披、錦繡袍裙、三寸金蓮履和繡花荷包等，許多學者都專程前來研究考察。每年祭典或出巡之前，會先擲筊請示媽祖，媽祖同意後，封廟門、摘下帽子，為媽祖梳洗。待髮髻綁好之後，媽祖才會同意起駕出巡，否則媽祖是不給起駕聖筊的。

全臺唯一皇帝敕建、官方出資——敕建天后宮

位於鹿港的敕建天后宮又稱「新祖宮」，興建於清乾隆五十三年（一七八八年），由乾隆帝下旨敕建，當時乾隆帝命陝甘總督大臣於鹿港登陸臺灣，後來順利平定林爽文事件，乾隆因而下詔興建此廟，詔封媽祖為「護國庇民妙靈昭應宏仁普濟福佑群生誠感咸孚顯神贊順天后」。為了與鹿港舊祖宮（鹿港天后宮）對比，遂稱新祖宮；在廟前還有「文武官員至此下馬」的碑文。

唯一水晶玻璃媽祖景觀金殿——豐濱順天宮

位在花蓮豐濱順天宮，最特別的是號稱世界獨一無二的媽祖景觀金殿，歷經四年製作，於二〇二三年對外展示。

金殿內可見媽祖腳踩雲海，千里眼、順風耳護隨，象徵海上守護神的媽祖來到豐濱，庇佑每一位出海討生活的族人。室內金碧輝煌、晶瑩剔透，充分展現玻璃藝術的優美典雅，在採光效果下有豐富的立體視覺，此藝術創作是由三百萬個金、銀和玻璃馬賽克以手工剪貼建造而成，其水晶玻璃馬賽克素材造價據說比黃金更貴。殿內圖案以佛教與道教故事元素為主，也融入了原住民文化。其中最特別的是，圖案不僅僅只是藝術，更透過精心設計傳達了宗教思想的內涵，如達摩祖師心性、佛陀的掌心、易經陰陽圖等，有別於一般廟宇藝術構思。

唯一竹編媽祖——竹山連興宮

位於南投的竹山連興宮，是南投縣歷史最悠久之媽祖廟，於清乾隆年間建立，亦是竹山、鹿谷地區民眾主要信仰中心。連興宮供奉一尊已有三百多年歷史之軟身黑面媽祖，腳纏裹腳布，三寸金蓮繡花鞋，耳戴耳環，十分罕見。除此之外，從匾額、石碑到神像皆為罕見古蹟。近期展示一尊全臺唯一竹編媽祖，這是二〇二〇年燈會，竹山鎮公所結合地方竹編文創，邀請八名編織師父，以竹編製作完成高二百公分的媽祖竹編造像，媽祖面容慈祥，還有手環、花紋披肩等，製作細膩。

唯一螺絲媽祖——岡山壽天宮

岡山壽天宮為高雄岡山信仰中心，而岡山又是全臺螺絲生產重鎮，為了彰顯媽祖在地化，壽天宮於民國二〇一二年媽祖文化節結合地方產業，約使用三萬八千個螺絲扣件，打造出高二公尺、重量五百公斤獨一無二的螺絲媽祖，兩旁則有千里眼與順風耳等神像，聞名全臺。

岡山壽天宮創建於清康熙五十一年（一七一二年），由臺南祀典大天后宮媽祖分靈來到岡山。現址原為日治時期的岡山神社，所以門口是一對日本神社的「狛犬」，壽天宮遺留清代石碑、日本神轎等珍貴文物，臺灣光復之後才在公園路現址重建。

唯一供奉日本僧侶的媽祖廟——臺北天后宮

臺北天后宮（俗稱西門町天后宮、西門町媽祖廟，原名艋舺新興宮）夾在臺北寸土寸金的西門町商街之中，曾被冠上臺灣單坪地價最貴的廟宇。

其中，最特別的是廟裡供奉著一位日本佛教僧侶弘法大師空海之像，除了在左側殿祀奉，庭中水池旁也有一尊大師的石雕像。由於日治時期艋舺新興宮被拆除，改成日本佛教真言宗之弘法寺，為高野山真言宗臺灣總本山，而媽祖神像暫時被安置在艋舺龍山寺後殿，一直到二次大戰後，才將媽祖神像迎回此處。

當媽祖遷入時，信徒將弘法大師造像收藏於倉庫二十年，後來大師託夢「不想再被關起來」，也不想被送回日本，想留在臺灣，才請出收藏已久的弘法大師，重新供奉，成為獨特景象。小小的中庭裡，龍柱、石獅、龍虎堵是清代古物，石佛群、刻有「南無大師遍照金剛」的銅鐘為日本弘法寺遺留，記錄著臺北天后宮發展史。

臺北天后宮與臺北大天后宮不一樣

現今臺北天后宮廟址位於西門町，與消失的臺北大天后宮舊址不同。臺北大天后宮是光緒十四年（一八八八年），由巡撫劉銘傳所建造的臺北府城大天后宮，位置就在現在的國立臺灣博物館，古物遺址仍留在臺北二二八公園內，並立有舊址石碑。

據載，臺北府城天后宮占地約三千多坪，為二層樓建築，七百九十五坪，於日治時期遭到拆除，有人說它是壽命最短的官建媽祖廟，金面二媽則被恭迎到三芝福成宮。「北臺灣媽祖文化節」曾讓三芝金面媽祖回娘家，回的是臺北大天后宮舊址。

故宮媽——故宮唯一珍藏媽祖像〈天后安瀾〉

國立故宮博物院也典藏著唯一的媽祖圖像，是全球唯一清宮註冊認證的「天后」，又稱「故宮媽」，收於《天開壽域南極圖》，「五雲煥彩，海不揚波。來輦容與，望之嵯峨。百神效績，萬寶星羅。清晏相樂，與歌太和。」

《天開壽域南極圖》全冊的神仙都是壽星系列（南極壽星仙翁、三清、八仙等神仙）。在此冊頁中，呈現媽祖年輕得道時的樣貌，從一位女仙、海神、戰神進入到壽星的行列中。

其他特色媽祖廟

臺灣的媽祖廟保存了很多在地文化的特色，從海洋到深山林內，有發財的寶地，有美麗的後花園，也有環保意識的媽祖，來看看不一樣的臺灣媽祖廟。

求財勝地、北部最早的媽祖廟——關渡宮

關渡宮為北臺灣歷史最悠久的媽祖廟，宣稱於明永曆十五年（一六六一年），臨濟宗石興和尚自湄洲祖廟分靈媽祖金身（大媽）來臺，茅草建屋立廟，但史料認為是清康熙五十一年（一七一二年）大雞籠通事賴科糾眾所建。早期有「南有北港媽，北有關渡媽」之說，並與北港朝天宮、鹿港天后宮合稱「臺灣三大媽祖廟」。關渡宮正殿後方有個聞名全國的財神洞，長約十公尺，入口處從凌霄寶殿的一樓進入。洞內供奉天官大帝、文比財神、季倫財神、武明財神和萬山財神等，每位財神爺都是金身雕塑，並有透明玻璃保護，這也就是關渡宮為什麼會成為著名求財勝地的原因。

稀有的白玉媽祖——三芝鄉福成宮

三芝鄉福成宮媽祖廟又稱小基隆福成宮，為三芝最盛名的廟宇，供奉原臺北大天后宮的金面媽祖，臺北大天后宮日治時期遭拆毀，媽祖遷移到三芝供奉，又稱為「埔頭媽祖」。除了金面媽祖，

福成宮還有黑面、粉紅面及白面媽祖，其中白面媽祖是以白玉雕刻而成，晶瑩剔透，自湄洲祖廟迎請而來，十分罕見。「迎媽祖回臺北城」文化遶境活動，就是恭請三芝鄉福成宮的金面媽祖回臺北城，讓睽違臺北城九十三年的金面媽祖回娘家，媽祖鑾轎進入二二八公園殿壇（臺北大天后宮舊址），並進行安座儀式。

集雕刻之大成——屏東萬惠宮

屏東萬惠宮以雕刻藝術聞名，廟方同時邀請兩位木雕大師，黃龜理大師由北邊雕刻，楊秀興大師則由南邊雕刻，兩位大師各顯技法，並將封神演義、三國演義、白蛇傳等典故繪刻畫棟上，人物神韻歷歷如生，細膩傳神。

此外，樑柱上也刻有類似西方裸身人體以及西裝造型。原本廟身左右兩邊有賽臺，為洪順發砌建的法式巴洛克建築，龍身造形優美，古意盎然，剪黏藝術呈現中西合璧的風貌，但已在重修時拆除了。萬惠宮的另一個特色，即廟前廣場有一座醒目的媽祖以手接炸彈紀念碑，流傳媽祖接炸彈之說（見99頁）。

鬼月「封鐘鼓」——新港奉天宮

新港奉天宮宣稱於明朝天啟二年（一六二二年）恭請「船仔媽」來臺，後於清康熙三十九年（一七

臺灣新港奉天宮世界媽祖文化研究暨文獻中心

西元二〇一〇年，新港奉天宮結合中研院成立世界首見「臺灣新港奉天宮世界媽祖文化研究暨文獻中心」，作為臺灣與全球海內外學者媽祖信仰研究的交流平臺，首開國際媽祖文化研究新頁。目前文獻中心收錄有：兒科藥籤筒、眼科藥籤筒、祈保平安符令版、媽祖大符令版、香條模版、媽祖圖符版、虎爺符令版等資料。

〇〇年），笨港居民合建而成。奉天宮原本每逢農曆初一、十五及月底，早晚都會鳴鐘擊鼓，但是到了農曆七月中元普度、盂蘭盆法會時，家家戶戶於自家門口設案祭拜，燒紙錢給無形眾生，為避免所謂的「先民、好兄弟」受到驚嚇，奉天宮自早期就有農曆七月封鐘鼓的傳統。

依據古禮，封鐘鼓後，農曆七月整整一個月不燃放鞭炮，也不誦經，一直到農曆八月初一上午五時，才會將鐘鼓重新開封。在封鐘鼓之前，會先誦經，祈求消災解厄，保佑信徒平安，然後才進行封鐘鼓——此傳統也表示媽祖慈悲普度的具體表現。

臺灣媽祖廟的本土化型制——旱溪樂成宮

臺中旱溪樂成宮媽祖廟創建於清乾隆十八年（一七五三年），被譽為臺灣媽祖廟本土化代表，臺灣寺廟最初建築風格都承襲唐山原鄉，之後臺灣匠師開始發展本土化的臺灣寺廟建築，將歇山重檐頂應用在三川殿上：中港間（傳統建築裡，四根承重石柱圍出的矩形空間稱為「間」，而建築的面闊以「幾開間」計算。正中央的開間稱「中港間」，中港間左右兩側則稱「小港間」）的屋頂升高一層，即所謂「升庵假四垂」，此造型的屋頂的屋脊多，交趾燒和剪黏的裝飾也更為豐富，充分表現出臺灣廟宇建築的藝術特色。

宮殿為陳應彬設計，這個工法風格影響臺灣往後的廟宇建築形式，為臺灣寺廟建築本土化的原型，可見樂成宮在廟宇建築藝術中的地位。

平埔族也拜的山神媽祖──埔里恆吉宮

位在南投埔里的恆吉宮是臺灣較為罕見的「山神媽祖」，原為清道光四年（一八二四年）自湄州天后宮恭迎的媽祖，後捐商行（恆吉行）供奉。相傳清光緒二十三年（一八九七年），埔里發生旱災，當地平埔族人隨媽祖出巡時，在媽祖牽引下，於東螺圳源頭（眉溪）發現豐沛的山泉忽然湧出，當

歇山重檐

歇山頂，除正脊、垂脊外，還有四條戧脊，又名九脊頂。山牆（建築一側上部成山尖形的牆面）只有延伸到中段，有至此停歇之意，因而稱之「歇山頂」，臺灣則稱之為「四垂頂」。

歇山重檐頂結合了兩面坡和四面坡屋頂的混合形式，形成層疊重檐造型。

平埔族也拜媽祖？

早在三百多年前的臺灣，東螺的平埔族就開始拜媽祖，東螺媽祖便有著「番社媽」、「番仔媽」、「平埔仔媽」之稱，經過文化融合，與漢人較熟的平埔族人，也一起準備供品在廟中祭拜東螺媽祖，**「諸番漢民並集，齊備菓品酒筵豎旗設醮祭告於廟。」**東螺開基天后宮內還供奉一尊罕見的「番太祖」，為平埔族的祖靈，是因為平埔族人學習漢人祭拜祖先，所以也雕了一尊自己的祖先來祭拜，民族文化融合在媽祖信仰中。

此外，民間也稱臺中神岡社口萬興宮媽祖為「平埔媽祖」，這是雍正十二年（一七三四年），原住民岸裡社頭目阿莫與張達京奉詔同赴省城，他們回程時，轉道湄洲島迎回的媽祖神像，成為萬興宮媽祖的由來。

時正好是農曆九月，地方百姓為感念媽祖恩德，各庄頭遂固定在每年農曆九月迎請媽祖於各庄頭遶境，流傳至今，成為「大埔城九月戲」，人稱「埔里九月瘋媽祖」，別具地方特色。

山中媽祖廟——新社福天宮

臺中新社福天宮有「山中媽祖廟」之稱，座落在寧靜純淨的青山之中，為在地九庄的內山媽信仰中心。

有別於靠海岸線發展的媽祖廟，其建廟因緣，追溯日據時代造林工程的開發，引進來自海線一帶的工人，因為工人多為媽祖信仰，於是從北港朝天宮迎來了媽祖令旗於私宅中祭拜，並集資雕刻媽祖神像供民眾膜拜。

一直到一九七八年，經過聖筊請示，遷地建造福天宮。福天宮環境清靜幽雅，目前已小有組織規模，已有神轎班、花鼓陣、誦經團等。

「炸彈媽」傳奇——埤頭合興宮

埤頭合興宮媽祖被在地居民稱為「炸彈媽」（見98頁），位於彰化縣埤頭鄉合興村。據說未爆彈落地於原料區辦公處的鐵道旁，被移到約一百公尺外的田地掩埋，後來炸彈被村民挖出來，彈殼經軍方鑑定無危險顧慮之後，放置在合興宮廟殿右側門，一百七十公分高、重達五百磅，供信徒參觀，為鎮廟之寶。事後廟方發現媽祖手指斷落，接了二次都還是掉落；接不回去的指頭，在第三次接合時才順利接上。

慈護宮姊妹廟——桃園、金山、苑裡三座慈護宮

桃園慈護宮、苑裡慈護宮、金山慈護宮三間媽祖廟因同名而締結為姊妹廟，也曾經共同舉辦祈福活動。

◆**桃園慈護宮**：桃園慈護宮為北桃園的媽祖信仰中心，又稱為「桃園媽」，因位於桃園市桃園區南門里，又稱「南門仔媽祖廟」，媽祖遶境為蘆竹、龜山和八德、桃園區一帶（而南桃園媽祖信仰中心則為中壢仁海宮，又稱「中壢媽」，為中壢、平鎮和楊梅十三庄一帶的祭祀圈）。

◆**金山慈護宮**：又稱金包里慈護宮、金山大廟，是位於新北市金山老街，為金山的信仰中心。嘉慶初年，漁民於野柳石洞內發現一尊漂流媽祖神像，地方尊稱「媽祖洞」，於是捐錢建廟，並塑造一尊媽祖，而將原先媽祖像放於大尊神像腹內，於是有「腹中媽祖」的傳說。

◆**苑裡慈護宮**：又稱苑裡山腳慈護宮，位於苗栗縣苑裡鎮山腳里，為山腳、舊社、錦山三庄的信仰中心，故稱「三庄媽」，早期每年輪流由值年爐主供奉。

最美的媽祖後花園——虎尾持法媽祖宮

持法媽祖宮位在雲林縣虎尾鎮，佇立於翠綠田園之間，結合宗教、文化、藝術，營造獨特的人文氣息與古典優雅的氛圍，號稱第一座不燒金紙、最重視環保的媽祖廟。其最特別的是石雕媽祖山水園區，號稱全臺最美的媽祖後花園，此園區每年春節初一至初四才會開放民眾參觀，但持法媽祖宮則全年開放民眾參拜。

持法媽祖宮前身為持法堂，祀奉關夫子、湄洲天上聖母、玄天真武高上帝等眾神尊，於一九九八年動工興建，二〇〇四年安座大典，正式定廟名為「持法媽祖宮」。

郭臺銘住過的媽祖廟——板橋慈惠宮

慈惠宮是板橋最早的媽祖廟，原為板橋林家捐資統籌所建，是在地的媽祖信仰中心。當時郭臺銘父親在板橋擔任警官，借住慈惠宮一樓廂房，直到改調永和後，全家才搬離慈惠宮，遺留下來的房間沒人再住過。郭臺銘小時候睡覺的房間被認為是廟中財位，後來慈惠宮擴建，將廂房改建為五路財神殿。隨著郭臺銘日後飛黃騰達，慈惠宮也聲名大噪，成為許多企業主、投資族朝聖的廟宇。

凝聚環保意識的「反核媽」——澳底仁和宮

位於東北角貢寮澳底仁和宮，是臺灣本島最東邊的媽祖廟，建於清咸豐四年（一八五四年）。近來成為貢寮反核的指標性據點，二〇〇〇年五月一日，環保聯盟與自救會於仁和宮舉辦媽祖出巡遶境，訴求「大家來反核，媽祖保平安」，媽祖不僅是貢寮人的海洋守護神，更成為鄉民的反核精神領袖——貢寮「反核媽」稱號，一舉成名。與核四糾結三十年的貢寮人，在當地流傳著仁和宮的媽祖早在三十年前就預言：「核四會建，不會發電。」貢寮鄉民透過媽祖信仰，凝聚了臺灣共同關心環境土地的環保意識。

《通靈少女》拍攝爆紅的「汐止媽」——汐止濟德宮

汐止濟德宮俗稱「汐止媽祖廟」，於嘉慶年間由仕紳籌資建廟奉祀，為汐止歷史最悠久的媽祖廟。二〇一七年，由於《通靈少女》、《親戚不計較》劇組借地取景拍戲，汐止濟德宮也因而知名度大開，不少信眾慕名前往，廟方製作廟徽紀念章，提供戲迷朝聖蓋印留念。廟內主祀媽祖神像高一．五公尺，是全臺灣少見粉面軟身媽祖神像。

山中的「石媽祖」——深坑鎮南宮

位於新北深坑阿柔里的鎮南宮，創建於清光緒年間，原名為「水南宮」，因常淹水才改名「鎮南」，座向改坐南朝北，遂而解除水患。其路旁有設置「石媽祖路碑」，為石媽祖古道山麓。獨特之處是廟中供奉一尊酷似媽祖的天然岩石，被稱「石媽祖」，石媽祖身長三尺，下有大石連接，相傳一牧童意外發現媽祖在巨石上顯靈，因不敬神尊而生病，而後村民建一草房奉祀。廟中神桌及二根石柱，神似鶴狀，故稱「白鶴仙師」。

中國的重要特色媽祖廟

媽祖信仰起源於莆田湄洲島，湄洲媽祖廟是全球進香的祖廟，平海天后宮則為世界第二座媽祖廟，而泉州天后宮為中國最大媽祖廟，文峰天后宮保存南宋木雕媽祖神像，臺灣也有許多媽祖是這些特色中國媽祖廟的分靈。

湄洲媽祖祖廟

莆田湄洲島湄洲媽祖廟是世上最早的媽祖廟，也是各地媽祖廟的祖廟，始建於北宋雍熙四年（九八七年），原始小廟位於祖廟神殿後方，天聖年間（一〇二三年）開始擴建，此時已具規模。雖歷經多朝代翻修，但文化大革命期間廟宇幾乎全毀，僅少部分倖免於難，於西元一九八九年重建。目前保有湄洲媽祖分靈的臺灣廟宇有鹿港天后宮、新竹長和宮、北港朝天宮、楠梓天后宮等。

湄洲媽祖祖廟為仿宋建築，由大牌坊、宮門、鐘鼓樓、順濟殿、天后廣場、正殿、靈慈殿及媽祖文化園等所組成。

從祖廟的第一道大牌坊進入，兩側可見雕樑畫棟的長廊，迎面的是一座山門，供奉著千里眼、順風耳兩守護神。出山門登石階，有儀門牌坊，俗稱「聖旨門」，因為媽祖受歷代皇帝敕封於此。往上有鐘鼓樓東西對峙，每逢節慶，鐘鼓齊鳴。媽祖廟後方岩石上，刻有「昇天古蹟」、「觀瀾」等，祖廟山頂則有十四公尺高的巨型媽祖石雕塑像。

此外，媽祖文化園內還有清代道光皇帝賜給媽祖玉璽的放大石刻，號稱「天下第一印」，為媽祖廟的鎮廟之寶。

中國最大媽祖廟——泉州天后宮

泉州天后宮位於福建省泉州市，被認為是建築規格最高、規模最大的媽祖祭典廟宇，占地一‧

八畝，總建築面積一千二百多平方公尺，始建於宋慶元二年（一一九六年），初名「順濟廟」；明永樂十三年（一四一五年）再次重修，更名「天妃宮」；清康熙二十四年（一六八五年）更廟名為「天后宮」，為第一座被中國列入重點文物保護的媽祖廟。

泉州天后宮前的「德濟門遺址」，是泉州古城中唯一保留的古城門遺址，面積二千平方公尺，附近的碼頭是宋元時期進出貨物集散地，由城門、城牆、墩臺、內外壕溝、拱橋等組成，遺存宗教石刻和明清時期的鐵炮等。

自近代泉州天后宮修復二十年來，尋根謁祖和進香的信徒絡繹不絕，大部分是由臺灣信徒捐資修建的。臺灣媽祖廟如澎湖天后宮、彰化鹿港天后宮、臺南大天后宮等數百個宮廟，與泉州天后宮均有密切往來及謁祖進香。

中國第一座以「天后」命名的媽祖廟——平海天后宮

平海天后宮位於福建省莆田縣平海鎮平海村，建於宋咸平二年（九九九年），俗稱「娘媽宮」，清朝晉封媽祖為「天后」，並擴建媽祖廟，易名為「平海天后宮」。平海天后宮是湄洲祖廟分靈的第一座行祠，為世界第二座媽祖廟，保存完整的宋代宮殿式建築，主要建築有大門、內庭、大殿及兩廡。

大殿為重檐歇山頂，混合木構，宮廟內有一百零八根木柱，又稱「百柱宮」，廊沿壓石也有一百零八條，建築風格獨特，已列為省文物保護單。

宮內存有「師泉井記」和「平海天后廟重修碑記」等古碑刻。據《天妃顯聖錄》所載，康熙二十一年（一六八二年），施琅率大軍駐紮莆田平海，井水枯竭，遂祈求天后賜水解困，媽祖顯聖，井水清泉湧出，取用不絕，施琅將此事寫了一篇〈師泉井記〉，並立石「師泉碑記」於平海天妃宮中以為紀念。

據《天妃顯聖錄》記載，由於在天旱之時，媽祖賜予遠征軍隊泉水的顯靈事蹟，故名「師泉井」。

南宋木雕媽祖神像——文峰天后宮

文峰天后宮以南宋媽祖木雕像而聞名，現端坐在文峰宮神龕裡，已近千年，雕刻年代相

施琅和一些政要在海邊一口井旁，研究者認為，可能可以對應上《天妃顯聖錄》中的〈湧泉給師〉，施琅屯居平海澳，十月時大軍沒水，媽祖相助，在平海澳湧出泉水。

當久遠（被考察為西元一一五五年至一一八三年間所完成），並評鑑為典型宋代雕塑作品，具相當高的歷史價值。

據傳這尊南宋媽祖木雕像原本為民間所收藏，一直到文革之後，才正式被奉祀在廟中。其原先供奉在闊口村白湖順濟廟，因為南宋紹興二十五年（一一五五年）莆郡瘟疫流行，信眾祈求保佑，媽祖顯靈，當時玉湖陳俊卿感恩媽祖恩澤，於是獻地建供奉媽祖。元朝至正十四年（一三五四年），白湖廟遷至城內，面對鳳凰山的文峰，故稱文峰宮。

文峰天后宮與湄洲媽祖祖廟、天津天后宮並稱為「南宋三大天妃宮」。文峰宮為明清兩代官拜媽祖廟宇，現存二塊清代石碑文物，清嘉慶八年（一八〇三年）敕封〈天后聖母三代列聖殿宇肇建碑記〉；及嘉慶二十三年（一八一八年）〈天后宮三代祠碑記〉。文峰天后宮也是臺灣媽祖信眾謁祖進香主要宮廟之一。

中國和臺灣媽祖廟的異同之處

	中國	臺灣
歷史發展	中國莆田湄洲島湄洲媽祖廟是媽祖信仰的起源地，更是媽祖的出生地。	臺灣媽祖信仰來主要自閩粵沿海一代移民，清朝開始有官建媽祖廟（如臺南祀典大天后宮）。日治時期，北港朝天宮成為媽祖信仰中心。

媽祖神像	中國媽祖多形塑成粉面的年輕妃子像，呼應二十九歲昇天之說。但早期媽祖神像於文革後遭受毀壞，現今中國媽祖神像多是重新打造，面貌呈現年輕時期的少女模樣。僅存文峰天后宮的南宋媽祖神像古蹟。	臺灣傳統媽祖造像大多為福泰的太后形貌，呈現中年婦女形象，戴后冠、披朝服等造型，以天上聖母、天后來形塑。此外，臺灣媽祖廟保存許多明清時期渡海來臺的媽祖神像。近代則有更多元材質創作的新媽祖神像，如玉石、琉璃、珊瑚、交趾陶、螺絲等。
破壞與修復	中國經歷了文化改革之後，媽祖神像與歷史古蹟徹底遭受毀壞，一直到兩岸通航與宗教交流後，才在兩岸信眾的合作下逐漸修復。	雖然因為日治時期皇民化運動而受到部分破壞，但媽祖神像與古蹟大部分依然被保存下來，一直持續至今，受到完善的維護，廟裡並保存豐富的歷史古蹟，重修期間發展出臺灣本土化的宮廟建築藝術。
近代發展趨勢	被中國官方視為一種「習俗文化」，隸屬於文化部，以「媽祖文化」來登記聯合國人類非物質文化遺產，多以觀光角度經營。	臺灣媽祖信仰的發展主要來自於民間，配合民間的進香與遶境，也是在地人的情感凝聚，兼具濃厚本土風情，並具國際知名度的宗教朝聖活動，媽祖更是護臺神明。

圖片出處

林許文二：第 1 頁、12 頁、179 頁、187 頁、191 頁、202 頁、232 頁

《媽祖聖蹟圖》（收藏於阿姆斯特丹國家博物館）：第 16 頁、84 頁、249 頁

《天開壽域南極圖》（收藏於國立故宮博物院）：第 237 頁

《天后聖母聖蹟圖志》：第 35 頁、71 頁、120 頁、126 頁

九州博物館：第 46 頁

《天妃娘媽傳》：第 51 頁

歐弗特．達波《第二、三次荷蘭東印度公司使節出使大清帝國記》：第 55 頁、214 頁、252 頁

《大明玄天上帝瑞應圖錄》：第 88 頁

相良吉哉《臺南州祠廟名鑑》：第 89 頁

池田敏雄《臺灣的家庭生活》：第 91 頁

土佐將曹紀秀信《增補諸宗佛教圖繪》：第 112 頁

湯瑪斯．阿龍姆《中國：圖解其風景、建築、社會習俗》：第 117 頁

Special Collections & College Archives, Skillman Library, Lafayette College，Michael Lewis 臺灣明信片收藏：第 167 頁

山崎鋆一郎《臺灣的風光》：第 208 頁

德利爾《東京（北圻）與中國海》：第 230 頁

MATZOU

天上聖母